Bologne,

Parme et Ferrare

Ce guide a été rédigé
par Marie-Christine Elekes

avec des textes d'introduction
de Jean-Pierre Le Dantec et Loriano Macchiavelli

Les guides Autrement
Edition 1997-1998

Cette collection, conçue par Henry Dougier,
est dirigée par Jean-Claude Béhar.

Avec la collaboration de : Valérie Antoni.

Equipe de réalisation : Louise Adenis, Fleur Antoine, Valérie Antoni, Vanessa Bellaïche, Eve Bieuville, Léna Carrera, Nicolas Giacometti, Vincent Huc, Caroline Hugon, Gaëlle Lassée, Lionel Monéger, Monique Paillat, Christine Papon, Tiziana Porcelli, Mathieu Quéré, Katie Walter, Ivan Zempleni.

Maquette : Studio Autrement, Patricia Chapuis.

Cartographie : Isabelle Lewis.

Conception de couverture : Studio Autrement, Kamy Pakdel.

Ce guide, conçu pour des voyageurs complices, voudrait prolonger l'échange avec ses lecteurs. Vos critiques, suggestions, coups de cœur ou déceptions… nous intéressent.

N'hésitez pas à nous écrire : « Guides Autrement », Editions Autrement,

17 rue du Louvre, 75001 Paris. Fax : 01 40 26 00 26.

Les informations contenues dans ce guide ont toutes été vérifiées fin 1996. Il est cependant possible que certains numéros de téléphone, horaires, etc., aient subi des modifications après cette date.

Sommaire

Regards sur la ville

Deux textes originaux écrits pour le lecteur-voyageur d'Autrement

Le guide culturel et pratique

Avant de partir

La ville mode d'emploi

Les rituels de la ville

Monuments, musées, parcs et jardins

Des quartiers, des villages

La ville aux enfants

Escapades hors les murs

Lectures buissonnières

Plan du centre ville et carte des alentours
Voir dépliant en fin d'ouvrage

Sept arcades pour Bologne

Jean-Pierre Le Dantec

Ville active, moderne, jeune, industrieuse, mais ville immuablement fixée, à l'image de son centre ancien. Et si la forme de Bologne était parfaite ?...

« La forme d'une ville change plus vite que le cœur d'un mortel. » Voire. Certaines cités, telle Guérande décrite par Balzac dans le premier chapitre de *Béatrix,* « entendent ou regardent passer la civilisation nouvelle comme un spectacle », « déchues » qu'elles sont « de quelque splendeur dont ne parlent point les historiens » ; « fidèles aux vieilles mœurs dont l'empreinte leur est restée », elles gardent la physionomie du temps qui fut celui de leur grandeur. D'autres au contraire, dont la forme perdure pourtant, sont loin d'être assoupies, et leur fidélité à une morphologie ancienne n'est pas la conséquence d'un engourdissement. C'est qu'en elles, par-delà les tempêtes de l'histoire, les « progrès » des techniques et le renouvellement des hommes, quelque chose comme un tracé premier demeure, immémorial, qui informe les variations de style, les rénovations successives, et même les extensions nouvelles parfois lointaines. Comme si ces villes se construisaient sur elles-mêmes en conservant leurs desseins originels. Comme si, pareilles à nos cellules, elles possédaient en mémoire leur avenir et que, sauf à devenir folles – mais ne les dit-on pas alors, elles aussi, « cancéreuses » ? –, leurs vies consistaient à croître, à pousser en hauteur et à s'étendre, en restant fidèles à leurs idéogrammes de départ.

Ainsi en est-il, à mes yeux, de Bologne. Ville active, moderne, jeune, industrieuse, forte de cinq cent mille habitants – mais ville immuablement fixée dans sa forme, à l'image de son centre ancien.

Pour en juger, le mieux est de grimper en haut de la tour Assinelli qui se dresse en plein centre, flanquée de sa célèbre voisine encore plus penchée, dite tour Garisenda. L'exercice demande quelque effort, puisqu'il faut gravir les centaines de marches d'un escalier de bois intérieur menant jusqu'à une plate-forme surplombant la place Ravegnana de près de cent mètres. Mais de cette hauteur, brusquement, c'est tout le site de Bologne qu'on découvre ; la première ligne des collines sur le ciel ; l'Apennin proche à l'horizon ; la ville nouvelle, quasi indépendante dans la plaine ; et la structure du centre en contrebas, qui articule le tracé radioconcentrique de la cité médiévale inscrite dans un hexagone scandé par des portes, avec le maillage à l'équerre des anciennes voies romaines. Soit une distribution en éventail vers l'est, marquée par les vias Zamboni, San Vitale, Santo Stefano et Castiglione et la strada Maggiore ; et un plan en damier vers l'ouest, où se lit le *decumanus* principal (axe est-ouest) de la via Rizzoli prolongée par la via Ugo Bassi, tandis que le *cardus* majeur (axe nord-sud) est marqué par la via dell'Indipendenza.

Et si la forme de Bologne était parfaite ?…

Je lis dans Jakob Burckhardt, dont l'étude de 1860, *La Civilisation de l'Italie au temps de la Renaissance,* fut à l'origine de tant de vocations, ce propos qui me ravit : « Si l'on considère chaque édifice elle est devancée par quatre ou cinq autres villes, toutefois Bologne est et reste la plus belle d'Italie pour l'ensemble de ses rues. »

Que la beauté architecturale d'une ville ne soit pas réductible à la somme des beautés de ses bâtiments, voilà en effet un paradoxe merveilleux. Mais si, comme dans le nouveau mode de calcul inventé par Leibniz, le tout en cette matière «excède l'addition de ses parties», c'est que l'essentiel tient dans l'ajustement des bâtiments entre eux. Non que celui-ci signifie mimétisme, unité de style, de matière ou de volume. Cela, ce credo des conservateurs et de l'académisme, c'est l'uniformité grise, la convention, le conformisme, l'ennui. Le contraire de la piazza Maggiore, par conséquent. Laquelle va servir d'exemple (mais j'aurais pu tout aussi bien choisir l'église San Stefano aux cinq chapelles «disparates», ou la piazza Galvani, ou le quartier de l'Université…) à ma démonstration.

Piazza Maggiore. Là bat, depuis toujours, le cœur de la ville de Bologne. Lieu où convergent toutes les promenades – et toutes les manifestations.

En face, la basilique San Petronio ; sur des assises de marbre blanc et rouge incluant les trois porches, un mur de pierre noire, presque aveugle, s'élève vers le ciel dans une découpe austère, minimale. L'œil le moins exercé devine la reprise, la mixité des styles, des époques. Et de fait, sur un plan initial du Quattrocento de caractère gothique italien, est venu se greffer un projet d'extension gigantesque, plus d'un siècle plus tard, destiné à défier en grandeur la basilique Saint-Pierre de Rome. Bloqué par l'autorité ecclésiastique au profit de l'Archiginnasio, il n'en a pas moins engendré la plus tardive des voûtes gothiques européennes, et l'une des plus vastes, sinon des plus élégantes.

Derrière, le palais médiéval du Podestà : la tour de l'Arengo qui le surplombe date du XIIIe siècle, mais l'on devine que le système d'arcades à gros bossage qui scande sa façade au rez-de-chaussée est beaucoup plus tardif (de la fin du XVe siècle, en réalité).

A droite, le palazetto dei Notai (petit palais des Notaires) de la fin du XIVe siècle, et surtout l'immense palais Communal, sorte de forteresse médiévale plus ancienne encore mais qui, faute d'avoir jamais changé de fonction, a été maintes fois réaménagée par les municipalités successives.

A gauche enfin le palais des Banchi, dont la façade rythmée d'arcades a été dessinée par Vignole en 1565, et que surplombe à l'arrière-plan la coupole de cuivre vert de l'église Santa Maria della Vita, construite au XVIIe siècle dans un esprit baroque.

Ainsi, autour d'un seul grand vide rectangulaire – l'espace de la place à proprement parler –, toutes sortes d'esthétiques et d'usages contradictoires sont rassemblés. Ce pourrait être le chaos, c'est l'harmonie. Le mariage réussi du divers. Vignole, l'auteur du *Traité*, ayant codifié, à la suite de son maître (bolonais) Serlio, le langage des académies d'architecture pour les trois siècles à venir, dialogue avec le Moyen Age, lui qui détestait le gothique par passion exclusive pour les ordres antiques ! Mieux : il ne se pousse pas du col, le grand homme, et cherche moins à épater ou à jouer *perso* qu'à répondre le plus finement possible à la question qui lui était posée : achever la place du côté du Pavaglione, en respectant la contrainte réglementaire des arcades. Voilà qui fait sa force, à y bien regarder. La piazza Maggiore excède le bâtiment du maître du Gesù, et c'est cet excès même qui fait de la façade construite par lui, piazza Maggiore à Bologne, une merveille.

Une dernière remarque et j'en aurai fini avec l'architecture. Si Bologne est si diverse, si excitante dans chaque détail, si elle offre tant de surprises – au point de n'être surpassée, en ces richesses, que par Venise –, c'est que ses bigarrures sont tenues par trois régimes d'unité : la forme, la couleur, l'arcade.

La forme, j'en ai parlé. Le rouge qui colore Bologne, j'y reviendrai. Evoquons donc l'arcade ou, plutôt, les *portici*. Aucune ville au monde ne possède un tel réseau de promenades couvertes doublant les rues, c'est-à-dire ménageant un espace spécifique au flâneur.

Si l'on en croit les historiens, pourtant, cette innovation urbanistique fut dictée par des considérations triviales. La crise du logement, pour tout dire. Dès le XIIe siècle, en effet, avec la création de l'université et la montée en puissance économique de la cité, la ville commença d'étouffer dans ses murs. Au point qu'il devint urgent, soit de construire une nouvelle enceinte, soit de densifier l'habitat. C'est alors que fut imaginée une solution habile : suspendre de nouveaux logements aux façades, sans gêner la circulation. Le portique de la casa Isolani, au numéro 19 de la strada Maggiore, qui date de cette époque, est à cet égard probant ; les poutres qui le soutiennent sont un prolongement du plancher intérieur, de sorte qu'on devine une extension de l'existant, soutenue, côté rue, par un alignement de poteaux.

Il faut croire que cette astuce fut un succès. Bientôt des édits communaux en codifièrent l'usage en fixant une hauteur minimale sous arcades permettant le passage d'un homme à cheval (7 pieds bolonais, soit 2,66 m). Et, quoiqu'on ait tendance à penser que les règlements d'urbanisme sont une invention récente, au moins sous les modes contraignants qu'on connaît aujourd'hui, il paraît évident que les édiles communaux possédaient assez d'autorité pour imposer cette solution. Y compris lorsque l'usage ne la justifiait point, puisque l'église Santa Maria dei Servi (strada Maggiore elle aussi), qui recèle en particulier une Vierge sublime de Cimabue, est bordée, côté rue, par une enfilade d'arcades formant loggia.

Seule entorse à cette règle, quelques palais de facture florentine, avec de hauts murs à bossage tombant verticalement sur la rue, qui disent l'isolement hautain dans lequel certaines familles patriciennes, au XVe siècle et plus tard, prétendirent s'enfermer.

Mais cette éclipse de l'esprit bolonais ne dura pas. Les arcades démocratiques continuèrent à proliférer. Changeantes au gré des styles, des époques, de l'importance des rues, des techniques. Et si proliférantes que, mises bout à bout, elles atteindraient aujourd'hui une quarantaine de kilomètres ! Bel exemple de mariage, infiniment repris, entre la tradition et la modernité, qu'on pourrait dire emblématique de Bologne.

Aussi, lorsque dans le courant des années 70, il devint évident que l'urbanisme moderne dérivé de la Charte d'Athènes avait ravagé les villes européennes, c'est vers Bologne que se tournèrent les regards. Là était le contre-exemple, la réussite, l'adaptation équilibrée du nouveau à l'ancien.

Des caravanes se constituèrent. Architectes, urbanistes, décideurs, tous firent le pèlerinage de Bologne. Et tous revinrent enthousiasmés. Dans les écoles, les instituts, les colloques et les séminaires, il ne fut plus question que de l'« exemple bolonais ». Décortiqué en communications, en rapports sentencieux, en thèses, en livres même. Bref, l'Europe entière, au moins dans les milieux concernés, ne jura plus que par la capitale d'Emilie-Romagne. La rénovation des centres anciens ? Bologne. L'extension maîtrisée de la ville moderne ? Bologne. L'équilibre social dans les mutations urbaines ? Bologne.

J'ai toujours détesté ces passions collectives. Une mode se forme-t-elle que je n'ai de cesse de m'en démarquer. Mais dans ce cas précis, je me fis sans renâcler « mouton de Bologne » : j'applaudis des deux mains. La municipalité avait mis sur pied, il est vrai, une politique audacieuse. Plutôt que livrer le centre, évidemment dégradé ou mal adapté aux modes de vie et aux normes de confort contemporains, aux bulldozers de la « rénovation-spéculation » (comme cela s'était fait à Bruxelles, ou à Paris sous Pompidou, avec comme double conséquence, et la laideur, et la déportation vers Grigny ou Sarcelles du Paris populaire), il avait été décidé d'intervenir en se fixant trois règles : la municipalisation des travaux ; le relogement sur place des habitants (autant dire : la non-augmentation du prix du mètre carré de logement réhabilité) ; et la rénovation par tranches successives sans désagréments pour les usagers, logés transitoirement – et sans frais supplémentaires – dans un « hôtel collectif » du quartier se trouvant être, bien sûr, un immeuble déjà rénové.

Nul doute que ce volontarisme dirigiste ait enfreint les lois du marché et, de ce fait, momentanément ralenti l'essor de Bologne. Mais quel gain à long terme pour la ville ! Tant il est vrai que le charme allié à la beauté (et un centre livré aux seuls appartements de luxe et aux bureaux n'eût pas manqué de perdre tout charme, voire toute beauté !) est aussi, de nos jours, une arme économique.

Bologne est rouge. Couleur de terre cuite. Certes, ici ou là, le regard rencontre un peu de marbre, de la sélénite ou du grès. Mais pour quelques touches de pierre, quel vertige de briques, de tuiles et de crépis ! Au point qu'on se demande si cette monochromie ne serait pas pour quelque chose dans l'inclination politique de ses habitants. D'autant que ce rouge n'est ni vif ni uniforme, mais multiple au contraire, et aussi nuancé que le communisme italien.

C'était en 1972, au fort du « mai rampant » italien. En tant que « camarade » français, j'avais été invité au congrès d'une organisation gauchiste italienne, Lotta continua. Nous aimions son slogan radical, né des grandes luttes ouvrières de la Fiat : « Ce que nous voulons ? Tout. » Ce programme lapidaire résumait notre espoir : aucune revendication négociable, mais une contestation globale, sans appel, qui nous faisait nous heurter violemment avec le parti de Marchais et de Brejnev. Or à Bologne – car c'était à Bologne qu'avait lieu ce congrès –, il en allait à l'évidence autrement. Lotta continua était l'invitée de la municipalité communiste qui avait mis à sa disposition des lieux d'hébergement, des cars, et même une salle de réunion dans le palais Communal ! Le fait était, à mes yeux, si énorme, si ahurissant, qu'il en était suspect. Car le Parti communiste italien n'approuvait pas les positions de Lotta continua ; il les combattait même, et vigoureusement. « Ils veulent vous récupérer ! affirmai-je à mes hôtes. – Et la démocratie ouvrière ? » me fut-il répondu. Une telle naïveté me laissa confondu. « Tout cela n'est pas sérieux, pensai-je. On joue ici une scène de commedia dell'arte ! » J'en étais à Pepone et à Don Camillo quand, passant sous le porche ouvert sur la piazza Maggiore, il me revint tout à coup que j'avais été « togliattiste » autrefois, lorsque je cherchais dans Gramsci ou dans les articles d'Ingrao publiés par *Les Temps modernes* une argumentation capable de river leur clou aux « stals » menés dans l'Union des étudiants communistes par Roland Leroy, Guy Hermier, et ce « météorologiste » actuel de la télévision, aussi épatant par sa faconde et ses rouflaquettes que par ces roses de tissu qu'il arbore comme autant de pochettes couleur du temps, Michel Cardoze.

Aujourd'hui, l'enthousiasme de ces années mortes a disparu.

Il y a eu les odes au P.38, les « Indiens métropolitains », l'attentat de 1977 dans la gare de Bologne, le terrorisme odieux des « années de plomb »… Autant dire des dizaines de morts, des centaines de blessés, des milliers de vies gâchées. Aussi manifeste-t-on moins à Bologne. Aussi y croit-on de moins en moins à une « révolution » dont le Parti communiste lui-même ne veut plus.

De quoi discutait-on, début avril 89, sous les vieilles arcades de l'université ou dans les cantines des usines ? De la remise en cause de la sécurité sociale par le gouvernement et des menaces concernant la loi sur l'avortement. Des femmes tenaient meeting dans le palazzo dei Notai pour y débattre à propos de *Il feminismo, l'emancipazione, la coltura delle donne, la situazione italiana e la prospettiva europea* tandis que les syndicalistes de la CGIL et le PCI défilaient en sifflant via dell'Indipendenza pour protester que : « *La salute dei cittadini non si taglia !* » (la santé des citoyens n'est pas une récompense !). La routine, quoi, n'eussent été ces affiches dénonçant, en forme de BD, les « bavures » policières, et d'autres appelant à un débat sur le thème « Héritage jacobin et Terreur », avec la participation du *Dottore Paolo Viola*, professeur d'histoire politique moderne à l'Ecole normale supérieure de Pise, et celle du *Dottore Walter Tega,* professeur d'histoire de la philosophie à l'université de Bologne…

A la fin de la manifestation syndicale, pourtant, des hommes sont restés longtemps piazza Maggiore. Discutant à perdre haleine en agitant les mains, ou flânant au contraire, comme à la recherche du passé. J'ai bavardé avec l'un d'eux, mal, tant mon italien est approximatif. Assez vite nous sommes convenus que le temps du communisme est révolu. « Mais pourquoi vous obstiner à signer vos tracts *Partito Comunista Italiano* au-dessus d'un drapeau rouge frappé de la faucille et du marteau ? » lui ai-je demandé. Il a souri puis, me faisant signe de le suivre, m'a conduit devant le mur de la mairie.

Sous cette inscription : *Bologna 8 settembre 1943 – 25 aprile 1945 : Caduti della Resistenza per la libertà e la giustizia per l'onore e l'indipendenzia della patria*, des milliers de photos d'identité.

Immense marqueterie de visages aux sourires figés, jeunes le plus souvent, que, pendant de longues minutes silencieuses, nous avons observée. J'ai noté les chiffres : « 14 425 partisans à Bologne dont 2 212 femmes ; tués : 2 059 ; arrêtés : 6 543 ; fusillés en représailles : 2 350 ; morts en camps de concentration : 829. »

« En mémoire de ceux-là », m'a-t-il dit simplement.

La tradition veut que Bologne soit « docte et grasse ». J'ai peur qu'on entende mal, aujourd'hui, cette proposition.

Six heures du soir, par exemple, via dell'Indipendenza. L'avenue piétonne est bondée. Sous les arcades, des Noirs ont disposé des étals à même le sol, où ils proposent, à côté des habituelles statuettes africaines fabriquées en série à Barbès, des chemisettes « Lacoste » et des sacs « Louis Vuitton » assez bien imités. De loin en loin, une terrasse ou l'enseigne d'un café. La foule est jeune. Mais ni précisément docte ni grasse. Peu de professeurs Nimbus et de jeunes gens boutonneux, et moins encore de mammas plantureuses ou de putains felliniennes au corsage prêt à éclater. Non. Ces jeunes gens qui déambulent, bavardent et s'interpellent, pourraient se promener dans le quartier des Halles, à Paris. Même uniforme à variations pour les filles (du noir, du noir, encore du noir et, si possible, de la minceur !) et même allure nonchalante pour les garçons. A croire que l'Europe est déjà faite et qu'elle se décline à l'identique.

Est-ce à dire que le dicton cité plus haut soit obsolète ? Je ne le pense pas. Une ville où plus d'un habitant sur dix étudie dans la plus ancienne université d'Europe ne peut pas être ordinaire, surtout quand un de ses plus éminents intellectuels s'appelle Piero Camporesi.

A lui seul, ce *Professore* maintiendrait la tradition. Universitaire renommé, il vit depuis toujours dans un monde de livres anciens qu'il entasse dans sa *spelonca* – sa caverne – située au premier étage d'un immeuble à arcades du centre ville. Il aime leur odeur, dans laquelle il lui semble sentir le parfum de l'Histoire, cette histoire de la littérature italienne qu'il enseigne dans le même institut qu'Umberto Eco.

Camporesi, donc, est historien. Mais un de ces historiens actuels dont les objets sont à la fois étranges et familiers : la Chair et la Nourriture, dans son cas – autant dire la Graisse en tant qu'elle mérite une Docte attention. Le point de départ de cette aventure aussi sensuelle qu'intellectuelle ? L'édition, en 1970, d'un traité de cuisine qui est à l'Italie notre *Physiologie du goût* et notre *Ali Baba : La Scienza in cucina*, écrit au XIXᵉ siècle par Pellegrino Artusi, pour laquelle Camporesi rédige un ample commentaire. Viennent ensuite *Le Pain sauvage, La Chair impassible, L'Officine des sens* et, dernier paru en traduction française, *L'Enfer et le Fantasme de l'hostie.* Soit un périple à travers nos entrailles et nos fantasmes, du Moyen Age jusqu'au Romantisme en passant par la Renaissance et le Baroque, propre à nous rappeler deux faits : c'est à Bologne qu'eut lieu, en 1281, la première dissection, soit ce geste, terrible d'audace et d'orgueil mêlés, par lequel fut ouvert, non seulement un corps, mais l'aventure faustienne de l'homme moderne ; et que c'est d'Italie aussi, et tout spécialement de Bologne où s'était concentrée une part importante de l'héritage de la Rome antique, que l'idée de cuisine entendue comme un art s'est transportée en France, avec le bonheur et le raffinement qu'on sait.

Elégante et inventive, l'actuelle cuisine bolonaise ne l'est peut-être pas autant qu'on aimerait. Mais elle demeure riche, onctueuse et puissante : roborative à l'égal de cette sauce *bolognese* omniprésente sur tous les spaghetti de toutes les pizzerias du monde – quoiqu'on ne la trouve sur place qu'en accompagnement de tagliatelles fraîches ou, mariée à de la béchamelle, qu'en nappage de lasagne.

Sauce superbe que cette *bolognese* ! Mais si souvent réduite à une bouteille grasse où de l'insipide viande hachée baigne dans une eau de vaisselle rougie ! Ayant bénéficié des leçons d'Albert Diato qui, d'origine italo-monégasque comme son ami André Gatti, dirigea plusieurs années durant l'Ecole de céramique de Faenza (à quelques dizaines de kilomètres au sud de Bologne :

vous y admirerez, entre autres pièces splendides exposées au musée, des œuvres virtuoses de celui qui fut mon ami et l'un des plus grands maîtres de la céramique moderne), je sais qu'il n'est aucune sauce *bolognese* digne de ce nom qui n'associe un fond de légumes (oignons, carottes, céleri…) tombés au beurre, avec un mélange de trois viandes (bœuf, foies de volaille et pancetta), le tout devant mijoter longtemps (une heure au moins), après avoir sué, dans un bouillon de bœuf parfumé au vin blanc et à la noix muscade, où l'on aura pris soin de délayer, non un vulgaire concentré, mais un vrai bon coulis de tomate.

Aucune ville italienne ne peut se quitter sans musique et, moins encore, sans peinture. Le hasard (?) veut qu'à Bologne leurs deux temples soient voisins, encastrés qu'ils sont l'un et l'autre dans le quartier de l'université.

Inutile d'espérer se rendre impromptu à l'Opéra. Comme dans toute l'Italie la passion du «beau chant» est telle, ici, que les places s'arrachent plusieurs mois à l'avance. Il se murmure même qu'aucun Bolonais «normal» n'a la moindre chance d'y écouter *Norma* ou *Don Carlos*, attendu qu'il y aurait à chaque fois non point quelques milliers de postulants, ou des dizaines de milliers, mais une bonne centaine de milliers. Je ne pourrais jurer qu'une telle rumeur ne participe pas d'une manœuvre d'intimidation destinée à décourager d'avance les nouveaux prétendants. Mais le fait est que, à moins d'un miracle toujours possible en Italie, le voyageur de passage n'a aucune chance de s'asseoir sous le beau plafond peint du Teatro Comunale où fut créé, le jour de son inauguration (14 mai 1763), l'opéra de Gluck *Il Trionfo di Clelia*. Sauf évidemment si, renonçant au «beau chant», il accepte de se contenter d'un concert.

J'étais à Bologne ce printemps et je puis assurer que, sans problème de réservation, j'assistai le soir même de mon arrivée au récital du jeune pianiste Barry Douglas. Jeu impeccable, pollinien. Mais programme dont je n'ai toujours pas compris le sens, sinon qu'il respectait la chronologie. Comment et pourquoi servir en effet après une première partie rassemblant deux himalayas pianistiques (l'*Opus 110* de Beethoven et *Après une lecture de Dante* de Liszt), une ballade de jeunesse de Brahms suivie par une sonate académique de Tchaïkovski ? Serait-ce que le bon usage, aujourd'hui, consisterait à servir les hors-d'œuvre après les plats de résistance ? Ou, plus trivialement, que notre époque si vorace en « produits culturels » aurait définitivement perdu ses repères, elle qui « accroche » au musée d'Orsay Courbet et Moreau au milieu des peintres pompiers ?

Nul pompier, Dieu merci, à la pinacothèque de Bologne. On y entre par la via delle Belle Arti, ce qui est naturel. Et ce qui frappe immédiatement, outre la beauté calme du musée, c'est la splendeur des « primitifs ».

Un moine dort au premier plan ; et dans un arrière-plan qui est l'espace de son rêve, comme s'échappant en file indienne d'une chapelle du monastère, ses frères bienheureux grimpent une échelle appuyée contre un ciel d'or, qui s'entrouvre lui-même sur un second ciel étoilé : c'est la *Vision de saint Romuald,* peinte au XIVe siècle par le pseudo-Jacopino. Tout près de cette merveille, deux autres merveilles plus belles encore : l'*Histoire de saint Antoine abbé* et *Saint Georges tuant le dragon*, œuvres l'une comme l'autre de Vitale da Bologna (1331-1369). Vitale… Vitale da Bologna… Inconnu jusqu'au milieu du XXe siècle, son nom sonne aussi clair que sa peinture, « brutalement sincère et impulsive », au dire de son redécouvreur, Roberto Longhi. Et de fait, son saint Georges !…

Sous les sabots du cheval qui se cabre pour ne point le voir, le dragon tente un dernier sursaut ; mais la lance du saint, que sa passion purificatrice semble arracher de sa monture, plonge déjà dans la gorge crachant le feu de l'enfer, et y fouaille avec fureur. Le ciel est noir, le dragon couleur d'or, le cheval bleu clair ; sur sa cotte de mailles, saint Georges porte une tunique rouge flamboyante, tandis que son casque outremer d'où s'échappe en boucles sa chevelure est nimbé d'une auréole d'or ; à l'arrière-plan, la tête penchée comme à la suite d'une immense fatigue, la princesse que le saint va délivrer… Gauguin et Odilon Redon ont-ils vu ce tableau ? Son rouge et ses bleus vibrent avec la même violence mystérieuse que ceux du peintre du *Cyclope* et, quant à ses principes de composition, ils m'évoquent irrésistiblement les *Cavaliers sur la plage* montant leurs chevaux d'azur.

Malgré une très belle descendance qu'on peut découvrir aussi bien à la pinacothèque que dans l'une ou l'autre église de la ville (toutes possèdent, qui une fresque de Lorenzo Costa ou d'Uccello, qui un polyptique de Simone dei Crocifissi, qui un marbre de Michel-Ange, qui un tableau de Filippino Lippi, qui un chapitre entier décoré par une marqueterie fabuleuse de Damiano de Bergame, qui enfin, *last but not least*, cet ensemble de terre cuite façonné au XVe siècle par Nicolò dell'Arca, *Douleur sur le Christ mort,* qui possède une extraordinaire facture expressionniste), l'école trécentine bolonaise tomba rapidement dans l'oubli. Les goûts avaient changé, et Bologne semblait pâle, face à Florence. Certes, il y eut ce sursaut au début du baroque, qui vit les trois Carrache peindre une foule de grands formats religieux. Mais, malgré l'immense technique mise en œuvre au profit d'une intense dramatisation, tous ces bras implorants, dressés en étages vers un ciel où, parmi des nuages ocre ou bleus, inaccessible quoique charnelle, une Vierge pâmée flotte, flanquée de saints en pleurs et d'anges joufflus, me paraissent conventionnels. Ils n'ont ni la puissance de Rubens ni le mysticisme halluciné du Greco. Et seul m'émeut vraiment le baroquisme fou de leur meilleur élève, Guido Reni, dont le *Massacre des Innocents* transcende, par la terreur qui incendie sa toile, les leçons de ses maîtres.

C'est le soir. La nuit tombe sur la ville de brique, creusant l'ombre sous les arcades et rosissant le ciel. Via Moline, j'ouvre certain volet d'où je sais pouvoir découvrir, palpitante et secrète, la rivière cachée qui irrigue Bologne. Puis, traversant le quartier de l'université en psalmodiant pour rire la vieille devise : *Bononia docet mater studiorum* – Bologne, mère des études, nous éduque –, je me dirige vers la via Fondazza où œuvraient autrefois les artisans. J'ai rendez-vous là-bas avec un homme que je révère, même s'il est mort lorsque j'avais vingt ans. Je sais qu'il sera là, affairé comme toujours à peindre ses bouteilles, ses paysages et ses fleurs. Obstiné, comme disait Cézanne, à « retourner au motif ».

Au vrai, il ne peint ni fleurs, ni paysages, ni bouteilles, Giorgio Morandi. Il sait que les objets ne sont pas, mais seule la lumière qui les sépare, pour mieux les agglomérer. Car Morandi est un voyant, ce genre d'homme qu'on appelle poète, faute d'oser dire que la mort ne les tue pas. Il vint au monde ici, grava ici, dessina ici, peignit ici, enseigna ici (de 1930 à 1956, à l'académie des Beaux-Arts). Certains prétendent même que c'est ici, quatre jours après son soixante-quatorzième anniversaire, qu'il s'est éteint, le 20 juin 1964.

La vérité est autre. En 1945, Galleria Fiore à Florence, un homme de culture sut imposer l'œuvre de son ami. Avec passion et exigence, il fit taire les bavards devant cette peinture tissée dans le silence. Cet homme avait échappé de peu au poteau d'exécution. Il avait été arrêté deux ans plus tôt en tant que responsable du groupe d'intellectuels antifascistes bolonais Justice et Liberté auquel adhérait aussi Morandi (qui, lui, trouva refuge à la campagne, à Grizzana).

Il me plaît que ce soit à ce juste, Roberto Longhi, qu'on doive la découverte des deux phares de la peinture bolonaise. Le moderne comme l'ancien. Vitale da Bologna et Giorgio Morandi.

*Jean-Pierre Le Dantec**

* A publié différents ouvrages d'architecture. Derniers titres parus : *Portzamparc* (Paris, éd. Regard, 1995) ; *Dédale le héros* (Paris, Balland, 1992) ; en collaboration avec J.-C. Bailly et G. Ferry, *Le Stade Charletty, Henri et Bruno Gaudin* (Paris, éd. du Demi-Cercle, 1995).

Bologne et ses mystères

Loriano Macchiavelli

L'histoire de Bologne est truffée de secrets que les historiens (les historiens sérieux, je m'entends) n'ont jamais résolus : les mystères de Bologne. Car la ville possède une grande « culture du crime », une culture devenue tradition depuis les périodes les plus sombres de son passé jusqu'à nos jours. Certes, l'expression « culture du crime » peut étonner à propos d'une cité aussi savante et aussi tolérante, où l'on aime, qui plus est, la bonne chère. Et pourtant, Bologne a, comme toute ville qui se respecte, un passé criminel important, de sombres souvenirs étranges, que ses habitants se transmettent de siècle en siècle.

Songez à son architecture : une enfilade interminable d'arcades basses et sombres, entrecoupées de clairs-obscurs qui sont la quintessence de l'indécision, du non-dit, des murmures. Certaines ruelles du centre historique n'ont jamais vu le moindre rayon de soleil, et les secrets de certains porches, de certaines cours, sont écrits et conservés dans les pavés disjoints des rues, ou sur les façades des palais, décrépies par des siècles d'histoires. Les tours (et pas seulement les deux plus célèbres) qui se dressent sur l'étendue rouge des toits sont grises et dépourvues de fenêtres ; leurs pièces et leurs escaliers dissimulent des crimes, des accords louches, des tromperies…

Bologne respire le mystère, et on le trouve derrière chaque colonne. Les grilles des fenêtres, sous les arcades, à hauteur des passants, y ont été placées plus pour protéger les secrets des maisons que pour défendre leurs habitants contre les voleurs.

Bologne est vraiment indéchiffrable. C'est le lieu des ombres qui se glissent sous les arcades, des choses dites et tues… Des secrets soigneusement préservés dans les plis des rues.

Les chroniques des temps lointains qui nous sont parvenues nous brossent le portrait d'une ville violente, théâtre de crimes dont les responsables échappaient pour la plupart à la loi. Poignard et poison étaient alors les moyens de prédilection pour résoudre les conflits.

En 1339, Bologne fut le théâtre d'un mystérieux événement : dans la nuit du 20 au 21 juillet, les maisons se mirent à trembler, les plus précaires s'écroulèrent et les secousses firent retentir la grosse cloche du palais Communal dont la tour s'effondrait. Un tremblement de terre ? Possible. Mais les chroniques parlent d'une lumière intense qui illumina la nuit comme en plein jour ; une poutre enflammée se matérialisa dans le ciel et y demeura immobile. Cette poutre, plus haute que les tours Asinelli et Garisenda mises bout à bout, émettait un énorme grondement, qui se répandait sur la ville. Criant que la fin du monde était arrivée, les gens renonçaient à fuir ; les croyants s'agenouillaient en s'en remettant à la grâce divine. Et puis, cet étrange objet volant s'éloigna brusquement dans un vacarme encore plus effrayant en mettant le feu à la tour Asinelli. Le gardien de la tour décrivit la scène avec force détails : la poutre était ponctuée d'ouvertures rondes qui répandaient une lumière aveuglante et laissaient entrevoir des diables en pleine agitation…

Au Moyen Age, la ville était ensanglantée par de terribles luttes entre familles nobles, et les campagnes infestées de bandits : il était donc impossible de s'y sentir en sécurité, qu'on fût honnête homme ou délinquant. Mais qui étaient ces brigands ? Les rejetons de la noblesse qui, chassés de Bologne par les familles victorieuses, trouvèrent un appui parmi les paysans et les journaliers, écrasés depuis toujours par les impôts et objet des malversations de la classe dominante, dont ils espéraient se débarrasser.

Les chefs de bande portaient des noms illustres : Pepoli, Sassomolari, Tanari, Magnani. Palmieri écrit :

«De tels groupes de délinquants, qui furent menés à un certain moment par le comte Aloiso, neveu de Giovanni Pepoli, feudataire de Castiglione, avaient des adeptes dans toute la région et dans toutes les classes sociales. A côté des paysans et des travailleurs à la journée, on trouve de riches propriétaires, des diplômés, des nobles. Les familles Magnani, Sassomolari, Bitelli, Nanni, Pepoli, Tanari et autres, qui appartenaient à la haute société de la montagne, avaient des représentants dans les rangs du brigandage [1]. »

Pour combattre le fléau du banditisme, les autorités s'entendirent avec d'autres brigands, auxquels ils promirent amnistie et argent pour les aider à capturer ou à assassiner eux-mêmes leurs ennemis. C'est ainsi que naissait à Bologne le phénomène des repentis.

Dans les villes en particulier, la situation était terrifiante :

«La cruauté transparaît à chaque instant, des querelles sanglantes pour de futiles prétextes aux formes les plus bestiales de l'assassinat par vengeance ou sur mandat ; de la lâcheté de ceux qui s'assemblent pour frapper ou tuer un seul homme aux tentatives de violation et de dévastation des maisons d'autrui […] nombreux sont les cas de femmes battues, blessées ou tuées par des hommes ; mais les femmes, en particulier celles du peuple, ne peuvent se vanter d'une quelconque douceur féminine, comme le prouvent les multiples querelles qui les opposaient […], et qui se terminaient parfois avec effusion de sang [2]. »

Les autorités édictèrent des lois très sévères pour combattre ce phénomène : on coupe les membres, on arrache les yeux, on émascule.

---

1. Alessandro Cervellati, *Bologna nera.*
2. *Idem.*

« Dans la via della Paglia, le 14 septembre 1461, Francesco Baldissera tua, pour les voler, Petronio di Benne Papazzoni et son épouse, qu'il servait depuis cinq jours. Capturé, il fut dénudé, attaché sur un char et conduit sur la place sous la balustrade du Podestà afin d'écouter la sentence qui le condamnait à mort. L'assassin, qui était sans cesse torturé par des pinces brûlantes, fut ensuite emmené dans la via della Paglia où, devant la maison des victimes, on lui coupa la main droite. Sur la piazza Ravegnana, on lui trancha la main gauche, et avant que le bourreau ne l'écartèle sur la piazza Maggiore, on lui arracha les yeux. Des lambeaux sanguinolents furent pendus aux quatre portes majeures de la ville [3]. »

Mais cela ne servait à rien : les puissants et les instigateurs échappent toujours à ce genre de châtiments. C'est le cas du comte Manzoli, chef d'une bande d'assassins qui sévissait dans les environs de la ville. Las de la vie errante et de ses refuges précaires, il écrit à son épouse, la comtesse Giulia Malvezzi, qu'il souhaite se reposer une nuit avec ses compagnons dans sa villa de Bel Poggio. La comtesse est si heureuse qu'elle ne se contente pas de faire préparer la villa : elle organise un véritable festin auquel elle invite d'autres dames de la noblesse bolonaise. Apprenant cette nouvelle, la curie entame une enquête et punit sévèrement… le gardien de la villa.

Cette institution était pourtant réputée pour être sévère : ainsi, en 1535, elle n'hésite pas à pendre un certain Luca de la Gharzaria, coupable d'avoir volé une image sainte dans l'église du Baraccano. Et elle soumet à la torture un potier, parce qu'il a blasphémé. Comme le note dans son journal Jacopo Ranieri, un bourgeois de la ville : « voilà le sort des pauvres ».

Le journal intime de ce Bolonais, réédité au cours du XVIe siècle, nous accompagne, jour après jour, dans une ville dont les habitants assassinés se comptent par dizaines. Le plus souvent, l'arme du crime est le poignard ; le lieu : l'église ; l'occasion : la messe. Ainsi, le 24 septembre 1535, « Dimanche, il

---

3. In *Guida ai misteri e segreti dell'Emilia Romagna*, Sugarco.

fut donné un coup de couteau à Nicholò de la Malvaxia à San Francesco, pendant la messe, tandis qu'il était à genoux[4]. »

Nous trouvons aussi dans cet ouvrage la nouvelle officielle du premier vol à la tire, sous des arcades qui portent aujourd'hui encore le nom d'«arcades de la mort» (Portico della Morte). La victime, un boulanger vénitien, y fut assommé par son voleur et mourut dix-sept jours plus tard.

Le mois d'août est un bien mauvais mois, à Bologne. C'est en août 1537, en effet, que se produisit un massacre qui rappelle à plusieurs égards celui du 2 août 1980[5]. Un palais s'écroula, ensevelissant son propriétaire, le protonotaire apostolique, messire Lippo, ainsi qu'une douzaine de personnes, dont des enfants en bas âge. Les enquêtes prouvèrent que l'explosion avait été entraînée par une accumulation de poudre dans la cave du palais. On fit croire au peuple que le responsable était un diable que messire Lippo conservait dans une ampoule d'alcool, dissimulée dans sa cave. Mais les Bolonais se désolèrent surtout de la destruction de ce beau palais : peut-être étaient-ils trop habitués aux morts violentes et aux mystères qui les entouraient. On retrouva cependant le corps de l'exécutant matériel sous les décombres : il s'appelait Biagio Barbieri, c'était un homme corpulent et armé, dont la dépouille fut pendue et abandonnée aux chiens. On murmura qu'il avait agi sous les ordres de Cornelio Bentivoglio. Celui-ci fut d'ailleurs éloigné de la ville et devint par la suite camérier d'honneur du pape Clément VII. Qui pouvait douter de l'honnêteté d'un camérier d'honneur du pape ?

Si le XVIe siècle est, à Bologne, le «siècle du poignard», le XVIIe est le «siècle des assassinats», comme le définit Corrado Ricci, même si un autre Bolonais célèbre, Camillo Baldi[6], l'Umberto Eco de l'époque, s'obstine à décrire la ville comme la plus tranquille d'Italie, tout en parlant cependant de trois

4. Ranieri, Jacopo, *Diario bolognese*, ed. Olindo Guerrini et Corrado Ricci.
5. Attentat sanglant des Brigades Rouges dans la gare de Bologne.
6. Camillo Baldi (1551-1637), écrivain et politologue, «était devenu l'oracle non seulement dans son pays mais dans les nations étrangères qui faisaient appel à lui pour des conseils, des arbitrages ou des médiations», cf. *Dizionario dei Bolognesi*, ed. Giancarlo Bernabei.

mille six cents homicides entre 1662 et 1665. En l'espace d'une seule journée, on releva même cinquante-cinq assassinats. Rappelons qu'en 1650, la ville comptait 72 000 habitants.

Tuer était une pratique quotidienne, et le moindre prétexte était bon pour le faire : une phrase ironique aussi bien qu'une offense. On tue encore au poignard, mais les Bolonais commencent à utiliser l'arme que le progrès avait mis à leur disposition dès le début du XVe siècle : l'arquebuse. Sans doute avaient-ils redouté dans un premier temps le vacarme qu'elle produisait, bien peu propice au secret, il est vrai.

Le poison était aussi très à la mode. En particulier quand il était mêlé au *pancotto*, notre panade. Elisabetta Sirani, le peintre bolonais, en fut la victime en 1665, à l'âge de vingt-sept ans :

« Le 27 du même mois, à 20 heures, ce qui correspond si je ne m'abuse à 2 heures de l'après-midi, un mal l'assaillit avec une grande violence. Elle descendit lentement des pièces du haut, où elle travaillait ou se promenait, jusqu'à celles du bas, et une fois entrée dans la chambre de sa sœur Barbara, que la fièvre clouait au lit, elle lui dit : "Ma sœur, je suis prise d'une douleur si aiguë à l'estomac que je me sens mourir." Elle s'assit, changeant de couleur, roulant les yeux… Les évanouissements et les sueurs froides commencèrent… [le médecin] lui prescrivit des purges au ventre et une onction de son corps : quand ce fut fait, elle rejeta tout ce qu'elle avait dans l'estomac… »

Malgré les contrepoisons et les diverses purges, la jeune femme mourut le lendemain.

On découvrit après enquête le, ou plutôt, la coupable : Lucia Tolomelli, domestique de la jeune femme depuis trois ans. Mais on ignore qui lui avait ordonné d'assassiner sa maîtresse. Un prélat qui entretenait avec Lucia un commerce peu digne de son état ? Il pouvait aussi s'agir d'une forme aiguë de péritonite. Quoi qu'il en soit, la servante ne fut, semble-t-il, ni condamnée ni innocentée. Encore un mystère…

Le XVIIe siècle marque une date importante dans l'histoire criminelle de Bologne. En effet, c'est à cette époque qu'on relève la présence de ce qui nous apparaît comme l'ancêtre de la mafia. Les *mafiosi* bolonais s'appelaient *biricchini*, ou «fripons». Nombreuses sont les traces, dans les archives, de pots-de-vin, de rackets, d'accords entre les forces de l'ordre et les criminels, de sommes payées en échange d'une protection en ville et dans la campagne alentour…

Mais si le XVIIe siècle est célèbre pour ses *biricchini*, le XVIIIe l'est pour ses *balle* (balles). Il s'agissait à l'origine de groupes de porteurs, qui mirent sur pied des sortes de clans, et se multiplièrent dans la société, en dehors de leur simple corporation. Les membres de chaque *balla* étaient ainsi assurés d'une protection contre les habitants des autres quartiers ou même contre la police, et se voyaient remettre une somme d'argent, fruit d'une collecte, pour l'enterrement de leurs parents, lorsqu'ils étaient dans le besoin.

Les Latins avaient une expression pour qualifier ce phénomène : *nihil novi sub sole*…

Bologne continua, tout au long des années 1700, d'être le théâtre de mystères : Michel Guyot de Merville, de passage dans la ville, conseille aux touristes de visiter toutes les églises, et notamment celle de Santa Caterina de' Vigri, morte en 1463. Sa dépouille est particulièrement bien conservée :

«[elle] est aussi intacte et fraîche que si elle venait d'expirer. Mais ce qui surprend encore plus est qu'on lui coupe les ongles tous les mois, que ses cheveux continuent de pousser comme si elle était vivante.»

Au reste, cette sainte ne s'était-elle pas assise dans l'église, dix-neuf jours après sa mort, n'avait-elle pas fait le signe de croix devant le saint sacrement, incliné trois fois la tête et salué une noble fillette de onze ans en lui enjoignant clairement d'entrer dans les ordres («Je veux que tu sois ma religieuse préférée, gardienne de mon corps»)?

Bologne, ville sainte, et Bologne, ville chaude : à l'époque, 12 000 prostituées étaient inscrites dans les registres de leur corporation et exerçaient librement leur profession dans la cité.

Pourtant, malgré son atmosphère sulfureuse, Bologne savait plaire à ses hôtes. Giacomo Leopardi louait la générosité de ses habitants et déclarait que «la bonté de cœur s'y trouve réellement». Le voyageur Jean-Baptiste Labat appréciait, quant à lui, le caractère libre et joyeux de ses femmes.

Les mystères de Bologne n'appartiennent donc pas seulement au monde du crime : la ville était, et reste, mystérieuse parce qu'elle savait, et sait encore, montrer ses nombreuses facettes à ses visiteurs.

Les frères Goncourt furent ainsi marqués par les pauvres âmes qui y circulaient, des êtres difformes et malheureux, qui couraient logiquement vers les cimes et les mystères.

Au XIXe siècle, les criminels bolonais sévissent dans toute l'Italie : on ne compte pas les assauts contre les banques et les attentats contre les forces de l'ordre. Une bande de Bolonais lança contre la banque Parodi de Gênes une attaque qui aurait fait pâlir les bandits du Far West.

Les diligences étaient aussi une proie de choix :

«Le 16 janvier 1863, la diligence de Florence partit de Bologne, comme d'habitude, à six heures de l'après-midi. Elle venait de parcourir un demi-mille et avait à peine atteint le lieu dit — la Madonna della Mora — quand sept brigands se dressèrent devant elle, pointant leurs tromblons et ordonnant au postillon d'arrêter les chevaux sous peine de mort. Après avoir fait descendre les voyageurs, en menaçant de mort ceux qui leur opposeraient une résistance ou se mettraient à crier, ils les dépouillèrent de leur argent et leur ôtèrent aussi certains objets de leur garde-robe [7]. »

Enfin, au XXe siècle, Bologne mérita plus d'une fois les adjectifs «criminelle» et «mystérieuse», qui semblaient contredire sa réputation de ville «grasse» et «savante». Au cours d'une seule nuit, on y commit trente-quatre actions criminelles, — vols, rixes, attentats, homicides —, pour la plupart impunies :

_____

7. *Relazione dei dibattimenti seguiti davanti la R. Corte d'Assisie in Bologna nella causa di Associazione di Malfatori e reati diversi contro centodieci imputati*, ed. Direzione della Gazzetta delle Romagne, Bologne, 1864.

« On peut dire qu'il ne se passe pas une nuit sans qu'on doive se plaindre d'un grand vol ou d'un méfait. […] Il faut que le gouvernement se décide à accroître les dépenses en matière d'espionnage et qu'il accepte les conseils d'hommes honnêtes, connaissant la région, pour triompher une fois pour toutes de l'horrible plaie qui défigure et déshonore Bologne. »

Ce discours n'évoque-t-il pas ceux que les Italiens contemporains adressent à leur gouvernement en se plaignant de la mafia sicilienne ?

La liste d'actes criminels pourrait être longue, ainsi qu'en témoignent les documents conservés dans les archives de la ville. Ils dressent, au fil du temps, un tableau d'une Bologne aux mystères sombres mais envoûtants.

Texte traduit de l'italien par Nathalie Bauer.

Loriano Macchiavelli*

* Ecrivain. Dernier roman paru : *Coscenza sporca (Conscience Sale),* Mondadori, 1995.

le guide

culturel et pratique

Rédigé par Marie-Christine Elekes.
Enseignante de langue et culture françaises à l'université de Bologne.
Recherches et publications dans le domaine de l'anthropologie culturelle autour des notions d'intercultures (France-Italie) et d'altérité en
particulier.

Avant de partir

Bologne, l'île heureuse

« Mais la ville ne dit pas son passé, elle le contient dans les lignes de la main, écrit dans les angles des rues, dans les grilles des fenêtres, le long des rampes d'escalier, dans les antennes des paratonnerres, dans les hampes des drapeaux, chaque segment rayé d'égratignures, de barbelures, d'entailles, de chocs. »

I. Calvino, Le città invisibili

Adresses utiles

Ambassade d'Italie

51 rue de Varenne, 75007 Paris. M° Rue-du-Bac.

☎ 01 49 54 03 00.

Ouv. lun.-ven. 9h-13h, 15h-18h.

Consulat général d'Italie

5 bd Emile-Augier, 75016 Paris. M° Muette.

☎ 01 44 30 47 00.

Ouv. lun.-ven. 9h-12h.

Office national italien du tourisme

23 rue de la Paix, 75002 Paris. M° Opéra. ☎ 01 42 66 03 96.

Ouv. lun.-ven. 9h-13h, 14h-17h.

Centre de langue et culture italienne

4 rue des Prêtres-Saint-Séverin, 75005 Paris. M° Saint-Michel.

☎ 01 46 34 27 00.

Ouv. lun.-ven. 10h-13h, 14h-19h, sam. 10h-13h.

Cours d'italien, conférences et expositions.

Institut culturel italien

50 rue de Varenne, 75007 Paris. M° Rue-du-Bac. ☎ 01 44 39 49 39

Ouv. lun.-ven. 9h30-13h, 15h-18h.

Bibliothèque et service audiovisuel ; organisation de manifestations culturelles : expositions, conférences, concerts.

Librairie italienne

Tour de Babel

10 rue Roi-de-Sicile, 75004 Paris. M° Saint-Paul.☎ 01 42 77 32 40. Ouv. mar.-sam. 10h-13h, 14h-19h.

Transport

En avion

Air France et Alitalia proposent des vols journaliers entre Paris et Bologne, sauf certains sam. ou dim. Départ de Paris : aéroport Roissy-Charles-de-Gaulle. Arrivée à Bologne : aéroport G. Marconi. Durée du vol : environ une heure trente-cinq.

Alitalia

69 bd Haussmann, 75008 Paris. M° Havre-Caumartin.
☎ 01 44 94 44 00 et 01 44 94 44 20. Ouv. lun.-ven. 9h-18h.

Air France

Service par téléphone : 01 44 08 24 24 et 3615 ou 3616 AF.

En train

Il existe un train direct tous les soirs de Paris-Gare de Lyon à Bologne. Départ : 20h06. Arrivée : 7h10.
La liaison est assurée par la SNCF ou la FS (Ferrovie dello Stato).
SNCF ☎ 08 36 35 35 35.

Compagnie italienne de Tourisme (CIT)

3 bd des Capucines, 75002 Paris. M° Opéra. ☎ 01 44 51 39 51.
Ouv. lun.-ven. 9h30-18h30. Spécialiste des voyages en Italie, cette agence pourra vous donner des renseignements détaillés sur les horaires des trains.

En voiture

Par l'autoroute, Paris est à 1 055 km de Bologne. Il faut compter dix heures environ pour ce voyage.

A noter qu'en Italie les autoroutes sont payantes. Pour les cartes à péage, contacter :

Automobile Club national

5 rue Auber, 75009 Paris. M° Opéra, Auber ou Chaussée-d'Antin. ☎ 01 44 51 53 99. Ouv. lun.-jeu. 9h-12h30, 14h-18h, ven. 9h-13h, 14h-17h.

Formalités

Pour entrer en Italie, un passeport ou une carte nationale d'identité en cours de validité suffisent. Les mineurs voyageant seuls doivent avoir une autorisation de sortie du territoire.

AU DEPART DE LA BELGIQUE

Adresses utiles

Ambassade d'Italie

28 rue Emile-Claus, 1050 Bruxelles. ☎ (02) 649 97 00. Ouv. lun.-ven. 9h-13h, 14h30-17h30 (ven. 17h15).

Consulat général d'Italie

38 rue de Livourne, 1050 Bruxelles. ☎ (02) 537 19 34 et (02) 538 18 15. Ouv. lun.-ven. 9h-12h.

Office national italien du tourisme

176 avenue Louise, 1050 Bruxelles. ☎ (02) 647 11 54.

Institut de culture italienne

38 rue de Livourne, 1050 Bruxelles. ☎ (02) 538 23 79. Ouv. lun.-ven. 9h-13h, 14h-17h.

Librairie italienne

Il Libro Italiano
354 chaussée de Wavre, 1040 Bruxelles. ☎ (02) 230 06 74
Ouv. mar.-ven. 10h-18h, sam. 10h-12h30.

Transport

En avion
La Sabena propose un vol direct par jour (départ à 10h40, arrivée
à 13h05).
Alitalia propose sept vols quotidiens à destination de Bologne, mais
aucun n'est direct. Les vols peuvent se faire via Rome ou via Milan.
La compagnie propose cinq vols journaliers avec une halte à Rome
et deux vols journaliers avec une halte à Milan. Les vols durent respectivement trois heures et deux heures quinze.

Alitalia
2/4 rue Capitaine-Crespel, 1050 Bruxelles. ☎ (02) 513 88 08.
Ouv. 9h-17h lun.-ven.

Sabena
☎ (02) 723 23 23.

En train
Un train circule tous les jours : départ de Bruxelles-Midi à 19h, via
Milan, arrivée à Bologne à 10h21. La durée du trajet est d'environ
seize heures.

SNCB ☎ (02) 203 36 40.

En voiture
Par l'autoroute, la distance entre Bruxelles et Bologne est de
1 131 km. Il faut compter environ onze heures de voyage. A noter
qu'en Italie les autoroutes sont payantes.

Adresses utiles

Consulat général d'Italie
14 rue Charles-Galland, 1206 Genève. ☎ (022) 346 47 44. Ouv. lun.-vend. 9h-12h30.

Office national du tourisme italien
32 Uraniastrasse, 8001 Zurich. ☎ (01) 211 36 33. Ouv. lun.-jeu. 9h-18h, ven. 9h-13h.

Centre culturel italien
27 Gotthardstrasse, 8001 Zurich. ☎ (01) 202 48 46. Ouv. lun., mer., ven. 9h-14h30, mar., jeu. 9h-13h30, 15h30-18h30.

Librairie italienne

Libraio italiano
30 Hohlstrasse, 8001 Zurich. ☎ (01) 241 65 46.

Transport

En avion
Alitalia propose trois liaisons quotidiennes via Rome pour Bologne. Durée du vol : deux heures.

Alitalia
36 rue de Lausanne, ZIP 1201 Genève. ☎ (022) 731 66 50.

Swissair
BP 776 1215 Genève 15. ☎ (022) 799 31 11.

En train
Il y a chaque jour quatre trains pour Bologne, avec un changement à Milan. La durée du voyage est d'environ six heures.

SBB CFF ☎ 157 22 22 (service national).

Il faut compter environ six heures pour parcourir les 526 km qui séparent Genève de Venise. En Italie les autoroutes sont payantes.

A VOIR, A LIRE, A ECOUTER

Cinéma

Hanno rubato un tram (1954) comédie d'A. Fabrizi. **La banda Casaroli** (1963) drame de F. Vancini. **Edipo re** (1967) drame de P. P. Pasolini. **Fatti di gente per bene** (1974) drame de M. Bolognini. **Chiedo asilo** (1980) de M. Ferrari. **Gli occhi la bocca** (1982) drame de M. Bellochio. Les films de Pupi Avati : **Una gita scolastica** (1983), **Impiegati** (1985), **Dichiarazioni d'amore** (1994), etc. **Bologne** (1989) de B. Bertolucci (court-métrage).
Sarti Antonio, un poliziotto, Una città (1994) série télévisée d'après l'œuvre de L. Macchiavelli. **Se c'è rimedio perché ti preoccupi ?** (1995) de C. Sarti. **Morandi** de Frédéric Rossif, pour découvrir le peintre emblématique de la ville.

Livres

Pino Cacucci, L. Macchiavelli (tous les livres de la série **Sarti Antonio,** dont le dernier, *Coscienza sporca*, ed. Mondadori), **Renzo Renzi**, G. Ricci (*Le città nella storia d'Italia, Bologna*, ed. Laterza), R. Roversi (*Amo Bologna perché é bella*, ed. Pietroneno Capitani, agenda historique).
Bologne, un guide intime, Le Dantec, J.-P., Paris, Editions Autrement, 1989.

Histoire urbaine et humaine

Elia Barbiani, **Politiques urbaines et luttes sociales : reconstruction**, Paris, Centre de sociologie urbaine, 1980.

Renzi Renzo, **Bologna 1900 – Viaggi fotografici de Giuseppe Michelini 1873-1951**, Bologne, Grafis/Zanichelli, 1980. Ne vous fiez pas au titre italien : la grande majorité de l'ouvrage se constitue de beaux clichés de l'époque, en noir et blanc, très expressifs (portraits, scènes de la vie quotidienne, intérieurs, paysages).

Dominique Schnapper, **L'Italie rouge et noire – Les modèles culturels de la vie quotidienne à Bologne**, Paris, Gallimard, 1971. Cet ouvrage traite des us et coutumes de Bologne, avec comme noyau central la famille. Facile et plaisant.

Toulouse – Bologna. Deux villes, une culture, Bibliothèque municipale de Toulouse, 1991, trad. de l'italien par Bernadette de Pascale et Margerita Spinazzola. Panorama comparatif de la littérature, de la presse contemporaine et de l'architecture d'hier et d'aujourd'hui.

Architecture

Bernabei, G., Gresleri, G. et Zagnoni, S., **Bologna moderna 1860-1980**, Bologna, Patron editore, 1984.

Cervellati, Pier Luigi, Scannavini, Roberto et Angelis, Carlo, **La nouvelle culture urbaine : Bologne face à son patrimoine**, Paris, Le Seuil, coll. Espacements, 1981.

Giovanni Ricci, **Bologna – Storia di un'immagine**, Bologna, Alfa, coll. Storia, costumi e tradizioni, n° 12, dir. Andréa Emiliani, 1961. Les belles photos en noir et blanc méritent un coup d'œil.

Littérature

De nombreux écrivains voyageurs, au cours des siècles, furent fascinés par l'Italie et plus particulièrement par Bologne. Ne pouvant prétendre ici à une quelconque exhaustivité, nous vous en proposons une sélection :

Charles Dickens, **Images d'Italie**, Le Pontet, éd. A. Barthelemy, 1990.

Jean Giono, **Voyage en Italie**, Paris, Gallimard, 1954.

Johann Wolfgang von Goethe, **Voyage en Italie 1827-1842**, Paris, Aubier, 1961, trad. de l'allemand par J. Naujac.

Y. Hersant, **Italie – Anthologie des voyageurs aux XVIIIe et XIXe siècles**, Paris, Robert Laffont, 1988.

Giacomo Leopardi, **Œuvres**, Paris, éd. Mondiales, coll. de l'Unesco, 1964, 2 vol., œuvres en prose trad. par Juliette Bertrand, poèmes trad. par F. Alard, Ph. Jacottet et G. Nicole, introduction par Giuseppe Ungaretti, suivie d'une étude par Sainte-Beuve. Il s'agit là d'une édition de luxe, reliée cuir sur papier bible ; **Canti**, Paris, Poésie/Gallimard, n° 159, 1982.

Michel Eyquem de Montaigne, **Journal de voyage par l'Italie et l'Allemagne**, Paris, Gallimard, coll. La Pléiade, 1962, textes établis par Maurice Thibaudet et Maurice Rat.

Guido Piovene, **Voyage en Italie**, Paris, Grasset, 1965, trad. de l'italien par C. Poncet.

Art

Le dessin à Bologne 1580-1620, la réforme des trois Carracci, catalogue d'exposition, Paris, Musées nationaux, 1994.

Arte in Emilia Romagna, Milan, Electa, 1985. En italien, mais très complet.

Andréa Emiliani, **La Pinacoteca nazionale de Bologna**, Bologne, Cappelli editore, 1967, préface de Cesare Gnudi. En italien, mais excellente iconographie.

Sous l'objectif des photographes

Roversi Leonotti, **La scoperta di Bologna ;** P. Rubbi, O. Tassinari Clò, R. Renzi, **Bologna la bella**, ed. L'inchiostroblu.

F. Fontana, A. Vianelli, **Invito a Bologna**, ed. Magnus.

Musique

Les chansons des auteurs compositeurs qui déclinent tous les rouges de Bologne : Lucio Dalla, Francesco Guccini, Claudio Lolli et, en version plus grandiose, Luciano Pavarotti.

La ville mode d'emploi

Adossée aux collines qui regardent vers le nord, comme l'écrivit Stendhal, Bologne unit l'Italie continentale et péninsulaire. La ville s'étend aux pieds des premiers contreforts des Apennins, qui la ceinturent au sud d'une couronne de collines luxuriantes. Les bois d'un vert sombre, les taches des prés sur les pentes parsemées de villas, de parcs et d'anciens monastères, dessinent un magnifique panorama de la ville et de la vallée du Pô qui s'étire jusqu'aux pré-Alpes véronaises et aux monts Euganéens. Dans les autres directions, autour de gros bourgs industrieux, une plaine fertile au riche terreau brun-roux nourrit des cultures intensives.

Du cœur de ce bastion vert émerge Bologne, tout en longueur et en verticalité. Elle fut souvent comparée par les poètes à un navire hérissé de tours, comme autant de mâts, d'échelles et de haubans, cohérente, compacte et fortement médiévale. Elle se déploie dans l'onde rouge-brun des toits, sous la menace imminente d'un orage ou caressée par une lumière plate.

Les tuiles de Bologne font partie de son paysage et de ses coutumes. Quand ils avaient achevé la toiture d'une maison, les maçons laissaient au-dessus de l'huis trois tuiles, appelées en dialecte *i tri copp amaza arli* («les trois tuiles contre le mauvais sort»). La symbiose entre la cité et la colline est frappante; même les exigences modernes ne l'ont pas altérée. Ce sont en fait deux villes qui s'entremêlent intimement, celle du passé et celle du présent, alliance subtile de l'art et de la pensée, du commerce et de l'industrie.

Bologne s'est développée par concentrations successives autour du vieux noyau romain de Bononia. Aujourd'hui, son agglomération s'étend vers le nord (la Bolognina, Corticella) et le long de l'axe est-ouest de la via Emilia. Mais la colline a en revanche été préservée et forme un décor naturel pittoresque, ballon d'oxygène pour la ville.

Le centre ville, vigoureuse forêt de tours et de campaniles, est un des plus grands et des mieux conservés d'Europe. D'un diamètre d'environ 3 km, il est délimité par les boulevards qui ceinturent la dernière enceinte de remparts, dont subsistent quelques vestiges et dix des douze portes d'origine. Les rues principales, disposées en éventail selon un plan radio-concentrique, convergent vers les deux extrémités du parcours urbain de la via Emilia : la piazza Malpighi à l'ouest et la piazza Porta Ravegnana à l'est, au pied des Deux Tours. Bologne semble un théâtre à ciel ouvert : le tissu urbain est parcouru par de longs alignements d'arcades de styles et de dimensions variés, produisant un fantastique jeu de clair-obscur qui vient animer ce décor scénographique. La tonalité chaleureuse de la brique et de la terre cuite habille les édifices, donnant à la ville son incomparable patine flamboyante. Les grandes zones piétonnières permettent d'entrer, à l'abri de la circulation et du bruit, dans ces mille nuances ocre. Si l'on veut profiter au mieux de la vieille cité, c'est à pied qu'il faut la découvrir. Bologne est parsemée de parcs, de jardins, de cloîtres et de cours cachées.

A la fin des années 60, aux beffrois se sont ajoutées les tours conçues par le japonais Kenzo Tange en plein parc des expositions. Tange a proposé une réinterprétation des éléments architectoniques de la ville, les tours et les arcades. Le quartier des foires est ainsi devenu l'un des plus importants d'Europe. La naissance de la nouvelle « city » a constitué une véritable révolution urbaine, avec la construction prestigieuse du palais des Congrès, du palais des Affaires et de la galerie d'art moderne municipale dans un quartier périphérique.

CARNET D'ADRESSES

Offices du tourisme

Office centrale

45 via Marconi. ☎ 237413.

Bureaux d'information

– 1/d piazza del Nettuno. ☎ 239660. Ouv. lun.-sam. 9h-19h, dim. et jours fériés 9h-13h. Une mine de renseignements et d'informations, documentation en français.

- A la gare centrale, piazza delle Medaglie d'Oro. ☎ 246541.
- A l'aéroport. ☎ 6472036. Ouv. 9h-13h sauf dim.

Consulats

Consulat de France
Le plus proche est celui de Florence. ☎ (055) 230255678/
ƒ 2302551. Ouv. 9h-12h, 14h-16h30 sauf lun.
Bureau linguistique de l'ambassade de France
15 Vicolo Bolognetti. ☎ 226424.
Alliance française
4 via De'Marchi. ☎ 332828. Ouv. lun.-ven. 9h-13h, 15h-19h.
Consulat de Belgique
13 vic. Repubblica. ☎ 505101.
Agence consulaire de Suisse
12 via Saragozza. ☎ 331306. Ouv. lun.-ven. 9h-13h, 15h-17h.

Services d'urgence

Ambulances ☎ 50 50 50.
Urgence sanitaire ☎ 118.
Police de la route (Samu) ☎ 649 20 20.
Médecins de garde ☎ 33 33 33.
Pharmacies. Ouv. 9h-13h, 16h-20h. Fermées sam., dim. et jours
fériés.
Pharmacies de garde ☎ 192 (liste affichée dans toutes les pharma-
cies). La pharmacie de la gare centrale ferme vers 22-23h et celle
située piazza Maggiore (☎ 23 85 09 ; 23 96 90 ; 26 63 10) est
ouverte 7 jours sur 7, 24 heures sur 24.
Police ☎ 113.
Gendarmerie ☎ 112.
Commissariat de police ☎ 26 66 26, 24 heures sur 24.
Pompiers ☎ 115.
Dépannage (Automobile Club italien) ☎ 116.

Bureau des objets trouvés. 4 via Mirasole. ☎ 58 23 07. Ouv. lun.-sam. 8h30-12h30, jeu. 14h30-17h.

Télécommunications

Poste centrale. Piazza Minghetti (C3 sur le plan du centre ville). ☎ 22 35 98. Ouv. lun.-ven. 8h15-18h45, sam. 8h15-12h20.
Central téléphonique. ASST, 24 piazza VIII Agosto. Ouv. 7h-22h. SIP, 4/e via Fossata et à la gare centrale (ouv. 8h-21h30).

Transports

Aéroport Gugliemo Marconi ☎ 647 96 15. 84 via Triumvirato, quartier Borgo Panigale, à 8 km du centre. Desservi par le bus n° 91 : départs de la gare de 6h10 à 20h20, départ de l'aéroport de 6h40 à 19h40 ; départ de la gare toutes les 15 mn (30 mn les jours fériés) ; le billet coûte 1400 L et s'achète dans les kiosques à journaux et les bureaux de tabac, ou avec citypass. Egalement desservi par l'Aérobus : toutes les 15 mn de 6h05 à 23h45, jusqu'au dernier vol ; billets à 3000 L (centre ville) ou 6000 L (quartier des foires). Comptez environ 30 à 40 mn de trajet selon la circulation. Le trajet en taxi coûte 20 000 à 25 000 L et dure de 20 à 25 mn.
Gare. Piazza delle Medaglie d'Oro. ☎ 24 64 90. Ouv. 7h15-13h15, 14h15-19h30.
Gare routière. Piazza XX Settembre. ☎ 24 83 74.
Bus (ATC). 1 piazza Re Renzo. ☎ 23 97 54. Devant la gare centrale et à la gare routière.
Taxis. (24 heures sur 24) COTABO ☎ 37 27 27.
Radio-taxis ☎ 53 41 41.
Parkings. A l'ouest, via A. Costa (320 places). Piazza de la Pace, à proximité du stade (400 places) et porta Saragozza. A l'est, piazza G. Carducci (200 places) et porta Maggiore. Au nord, deux parkings à la gare routière (150 et 520 places).

Location de voiture

Avis ☎ 6472032 à l'aéroport, ☎ 255024 face à la gare.

Hertz ☎ 6472009 à l'aéroport, ☎ 25 48 30, 25 48 52 près de la gare, 17 via Amendola.

IntercaR ☎ 647 20 06/*f* 647 20 14 à l'aéroport (tarifs réduits possibles sur place).

Journaux français

A la gare.

A l'aéroport.

Dans les kiosques (notamment au pied des Deux Tours).

Librairies internationales

Feltrinelli. 7 via Zamboni. ☎ 268070.

Duomo. 20/g via dell'Indipendenza. ☎ 236623.

Librairie internationale (et presse). 10 via dei Mille. ☎ 240302. Ouv. jusqu'à 2h.

L'ARGENT

La lire. Il vaut mieux changer en Italie à cause du franc fort (un franc français vaut environ 300 lires). Changez vos chèques de voyage ou retirez du liquide dans les nombreux distributeurs (*Bancomat*) via Rizzoli, via dell'Indipendenza.

Banques. Attention, les banques ont des horaires restreints : de 8h30 à 13h ou 13h30 et pendant une heure ou deux entre 14h et 16h30. Elles ferment les après-midi des veilles de fêtes.

Coût de la vie. Grâce à la dévaluation de la lire, avec un budget journalier de 75 000 L (dîner exclu), vous pourrez vous offrir un séjour très agréable.

Une journée bien remplie. Commencez la journée avec un café bien noir (1 300 L) au bar le plus proche ou un cappuccino crémeux (2 000 L) accompagné d'une *brioche* (1 200 L). Attrapez un bus (1 500 L le ticket ou 14 000 L le citypass de dix trajets, à acheter dans les kiosques et les tabacs) ou prenez un taxi (environ 8 000 L) pour vous rendre à la Pinacoteca, où vous entrerez pour 8 000 L seulement (gratuit pour les moins de 18 ans et les plus de 60 ans). Vous pourrez avoir accès aux autres musées pour 5 000 L (tarif réduit : 2 500 L).

Pour calmer un petit creux, retournez au bar, où vous pourrez apaiser votre fringale avec un *panino* à la mozzarella et aux aubergines pour 5 000 L, une part de pizza pour 3 000 L ou la *piadina* au *prosciutto crudo* pour 5 000 L. Allez ensuite vous promener sous les arcades bolonaises pour faire vos emplettes. Les boutiques de la via dell'Indipendenza sont chères mais on y trouve un large éventail de beaux vêtements. Si vous êtes moins en fonds, allez flâner du côté de la Montagnola, où se tient tous les week-ends le plus grand marché de la région. N'hésitez pas à marchander les sacs (à partir de 20 000 L), les chaussures (de 10 000 à 150 000 L) et autre lingerie affriolante. Restez toutefois sur vos gardes, ce marché étant, avec les bus, l'un des endroits les plus affectionnés des pickpockets.

Un déjeuner dans une trattoria de quartier vous coûtera de 30 000 à 40 000 L. Vous n'êtes pas obligé de laisser de pourboire, le service étant compris dans le prix (*coperto*, 3 000 à 5 000 L). Dans l'après-midi, halte obligatoire pour déguster une délicieuse glace italienne, au prix très raisonnable de 2 500 à 4 000 L, dans un café de la piazza Maggiore. Enfin, à l'heure de la *passeggiata*, vous boirez un apéritif ou un verre de vin dans les *locali* pour 4 000 L.

Pour appeler Bologne depuis la France, la Suisse ou la Belgique, composez le 00 39 51, puis le numéro de votre correspondant.

Pour appeler la France, composez le 00 33, puis le numéro. Pour la Belgique, composez le 00 32 et pour la Suisse le 00 41. Si vous désirez appeler en PCV, faites le 15 pour obtenir un opérateur.

Les cabines téléphoniques sont nombreuses, et les cartes de 5 000 à 15 000 L s'achètent dans les kiosques, tabacs et bureaux de poste. Pour une conversation à l'étranger, il vous en coûtera une dizaine de francs, moins cher entre 22h et 8h.

Fax. En dehors des bureaux de poste, adressez-vous aux tabacs, qui sont nombreux à offrir ce service.

Les timbres se trouvent dans les tabacs et les bureaux de poste.

SE DEPLACER

En voiture. Bologne est une ville propice à la marche. Cependant, vous pouvez louer une voiture si vous comptez vous promener dans la campagne (à partir de 175 000 L par jour, 220 000 L pour le week-end chez Avis, voir adresses dans la rubrique *Carnet d'adresses, p. 48*). Dans ce cas, il vous faudra un permis spécial pour circuler en ville. Ce permis vous sera délivré pour 15 000 L par la réception de votre hôtel ou par la police municipale. Les parkings sont indiqués dans la rubrique *Carnet d'adresses, p. 47*.

Le centre historique, en partie piétonnier, est soumis à une réglementation de la circulation des véhicules privés : de 7h à 20h, circulation et stationnement y sont strictement réservés aux résidents. Le passage des voitures est néanmoins toléré pour se rendre dans les hôtels situés dans cette zone. Garez votre véhicule dans le parking de l'hôtel ou dans un parking gardé. Sur les boulevards périphériques, la circulation est intense, notamment aux heures de pointe. Afin de lutter contre la pollution, seules les voitures munies d'un pot d'échappement catalytique sont autorisées à rouler les jours où la cote d'alerte est atteinte. Renseignez-vous auprès de la police municipale.

En bus. Bologne est très bien desservie par les bus, sûrs et ponctuels. Le nouvel Aérobus vous amènera de l'aéroport au centre ville, le n° 13 traverse la ville du nord-ouest au sud-est, les n°s 32 et 36 font le tour du périphérique. Le citypass est vite rentabilisé : pour 14 000 L vous pouvez effectuer dix trajets (chaque billet est valable une heure).

A vélo et en vespa. L'un des modes de transport les plus adaptés et les plus largement diffusés à Bologne reste le *motorino* (en location à la gare) ou encore la bicyclette : il vous en coûtera 2 000 L de l'heure ou 20 000 L par jour. Le Tandem (☎ 30 88 30) et le Due Ruote (☎ 22 33 37) proposent un forfait de 30 000 L pour le week-end. Il existe un autre point de location à la gare.

SE LOGER

Les coordonnées entre parenthèses font référence au plan du centre ville.

Hôtels

Bologne est la deuxième ville d'Italie pour les foires spécialisées (de l'art fin janvier, de la chaussure en mars, des cosmétiques en avril, etc.). Sachez que la saison des foires bat son plein de janvier à fin juin, aussi est-il conseillé de réserver votre hôtel. Les hôtels sont en général plus chers en Italie qu'en France. Attention ! Certains hôtels majorent légèrement leurs prix pendant la saison des foires. Le premier prix donné est celui d'une chambre simple (minimum et maximum) ; le second prix donné est celui d'une chambre double.

Dans le quartier de la gare (B2 / C1-C2)

★★★★★ **Royal Hotel Carlton.** Luxueux, moderne, très confortable, aménagé avec beaucoup de goût, au milieu de jardins. Possède un élégant restaurant, le Royal Grill, et offre des salles de congrès. Situé 8 via Montebello, pas loin de la gare et de la via Galliera. ☎ 249361, ƒ 249724. 251 chambres. Fermeture parfois en août. 170 000-310 000 L ; 239 000-395 000 L.

★★★★ Jolly Hotel. Moderne, entouré d'arcades, il propose des chambres très confortables et des décors de style ancien dans les salles d'accueil. Restaurant Amarcord. Idéal pour une clientèle d'affaires. Situé 2 piazza XX Settembre (à deux pas du centre, de la gare ferroviaire et de la gare routière). ☎ 248921, ƒ 249764. 176 chambres. 135 000-260 000 L ; 180 000-390 000 L, petit déjeuner inclus.

★★★★ Milano Excelsior. Vous y trouverez tout le confort moderne et un décor de style ancien. Restaurant Felsineo. Idéal pour une clientèle d'affaires. Situé 51 via le Pietramellara (près de la gare). ☎ 246178, ƒ 249448. 78 chambres. Fermé trois semaines en août et parfois une semaine en janvier. 115 000-230 000 L ; 160 000-320 000 L, petit déjeuner inclus.

★★★★ Hotel Sofitel (ex-Pullman Hotel Bologne). Pourvu de tout le confort moderne et équipé pour recevoir des congrès. Restaurant Le Risbo. En face de la gare 59, viale Pietramellara. ☎ 248248, ƒ 249421. 244 chambres. 395 000 L.

★★★ Starhotel Alexander. Confortable, moderne, insonorisé. Les chambres à l'arrière donnent sur un jardin. Situé 47 viale Pietramellara. ☎ 247118, ƒ 247248. 108 chambres. Comptez 75 000-150 000 L ; 95 000-190 000 L.

★★★ Astoria. Confortable et fonctionnel. Dispose d'un petit jardin et d'un bar animé. Gestion familiale. Situé 14 via F. Rosselli, à 5 mn de la gare. ☎ 521410, *ƒ* 524739. 38 chambres. 80 000-135 000 L ; 120 000-200 000 L.

*** City Hotel. Confortable, moderne et fonctionnel. Situé 810 via Magenta, à 5-10 mn derrière la gare. ☎ 372676, *ƒ* 372032. 60 chambres. 55 000-155 000 L ; 70 000-230 000 L. Tarif spécial week-end.

** Atlantic. Hôtel confortable, de style moderne. Situé 46 via Galliera, à 5 mn de la gare. ☎ 248488, *ƒ* 234591. 22 chambres. 60 000-99 000 L ; 95 000-145 000 L.

* Marconi. Une des rares pensions du centre historique. Propre, ambiance simple. Choisissez les chambres plus calmes qui ne donnent pas sur la rue. L'hôtel se trouve 22 via Marconi, au 1er étage, dans la rue qui mène à la gare. ☎ 262832. Comptez 58 000 L ; 88 000 L, petit déjeuner inclus.

Dans le centre, à côté et autour de la piazza Maggiore (C2-C3)

**** Al Cappello Rosso. Hôtel intime datant du XIVe siècle, dans un cadre ancien et offrant un confort moderne. Situation idéale dans une petite rue calme, à deux pas de la piazza Maggiore. Pour un séjour spécial, demandez une chambre mansardée au 4e étage. Garage. Situé 9 via de'Fusari. ☎ 261891, *ƒ* 227179. 33 chambres. 136 000-270 000 L ; 196 000-390 000 L.

**** Grand Hotel Baglioni. Au cœur de la ville, ce grand palace de caractère, situé dans un palais du XVIe siècle, vous fera apprécier l'hospitalité raffinée d'une maison de grande classe, dotée du confort le plus moderne, offrant des salles de réunions et un service de baby-sitter. Beau restaurant I Carracci, cuisine soignée. Vous serez accueillis dans des salons décorés des fresques des Carracci, ornés de meubles anciens. Piano-bar. Situé 8 via dell'Indipendenza, à 50 m du

Nettuno. ☎ 225445, *f* 234840. 125 chambres. 200 000-395 000 L ; 310 000-620 000 L.

**** Internazionale. Situé dans le centre, cet hôtel de tradition, récemment restauré, offre tout le confort. Idéal pour une clientèle d'affaires. Garage. Il se trouve 60 via dell'Indipendenza, à mi-chemin entre la gare et la piazza Maggiore. ☎ 245544, *f* 249544. 160 000-260 000 L ; 230 000-370 000 L, petit déjeuner inclus.

**** Corona d'Oro. Hôtel de charme dans un ancien palais du XVe siècle fort bien restauré, offrant tout le confort, beaucoup de goût, des fleurs partout. Vous pourrez y admirer des éléments architectoniques de diverses époques : dans la petite cour intérieure un portique du XIVe siècle, les plafonds à caissons des chambres avec décorations des XVe et XVIe siècles, le hall et les escaliers de style Liberty. On peut y assister à des concerts de musique classique. Garage. Situé 12 via Oberdan, à deux pas du quartier universitaire. ☎ 236456, *f* 262679. 35 chambres. Fermé en août. 190 000-290 000 L ; 280 000-420 000 L.

*** Dei Commercianti. En plein centre, à deux pas de l'église San Petronio, cet hôtel de caractère se trouve dans un ancien palais de la ville datant du XIIIe siècle. Il offre des chambres avec poutres apparentes, restaurées, et tout le confort moderne. Demandez une chambre au 3e étage avec vue sur la basilique. On peut parfois entendre les cloches. La suite no 319, sous les toits, magnifique et très élégante, peut accueillir 4 personnes. Prix doux. C'est une de nos adresses préférées. Situé 11 via de'Pignattari. ☎ 233052, *f* 224733. 31 chambres. 100 000-175 000 L ; 180 000-275 000 L.

*** Orologio. Situé dans un ancien palais du centre historique niché dans une rue piétonne, cet hôtel pimpant offre tout le confort. Chambres avec vue sur la piazza Maggiore. Accueil et ambiance sympathiques. Il se trouve 10 via IV Novembre, à côté de la piazza Maggiore. ☎ 231253, ƒ 260552. 29 chambres. 100 000-175 000 L ; 180 000-275 000 L, petit déjeuner inclus.

★★★ **Palace.** Situé en plein centre, c'est un hôtel de caractère d'intérêt historico-artistique. Calme, offrant des chambres spacieuses. Demandez-en une au 4e étage, avec un balcon exposé au sud, ou au 5e étage, avec vue très suggestive sur les toits. Garage. Situé 9/2 via Montegrappa, à deux pas de la piazza Maggiore. ☎ 237442, ƒ 220689. 113 chambres. Fermé en août. 75 000-130 000 L ; 100 000-176 000 L.

★★★ **Roma.** Dans une rue piétonne commerciale du centre, bel hôtel classique, calme et confortable. Chambres de style anglais. Garage. Situé 9 via d'Azeglio, à deux pas de la piazza Maggiore. ☎ 226322, ƒ 239909. 85 chambres. 140 000-150 000 L ; 170 000-180 000 L.

★★ **Regina.** Situé en face du théâtre de l'Arena del Sole, c'est un hôtel classique de style anglais. Demandez les chambres à l'arrière, plus calmes. Situé 51 via dell'Indipendenza et donnant sur la piazza otto Agusto, près de la zone universitaire. ☎ 248882, ƒ 224143. 95 000-125 000 L ; 120 000-170 000 L, petit déjeuner inclus. On parle français.

★★ **Hôtel Centrale.** Dans le centre, à deux pas de la piazza Maggiore, simple, confortable, calme, offrant des chambres spacieuses décorées avec goût. Ambiance familiale. Une très bonne adresse. Situé 2 via della Zecca, donne sur la piazza Roosevelt, au 3e étage. ☎ 225114, 223899, ƒ 235162. 75 000-95 000 L ; 95 000-120 000 L.

★ **Panorama.** Il offre 9 chambres simples, impeccables, avec la salle de bains dans le couloir. Accueillant, ambiance familiale, bon rapport qualité-prix. Demandez les chambres donnant sur la cour intérieure. La propriétaire parle français. Souvent complet. Situé 1 via Livraghi, près de la piazza Maggiore, au 4ᵉ étage. ☎ 221802, ƒ 266360. Fermé deux semaines en août ou en janvier. Il se trouve dans une petite rue perpendiculaire à la via Ugo Bassi, derrière le palais Communal. 55 000 L ; 80 000 L. Bien pour les petits budgets.

Hors les murs, après la porta San Felice,
dans la direction de l'aéroport (à l'ouest de A2)

★★★★ Grand Hotel Elite. Fréquenté par une clientèle d'affaires, réputé pour son excellente organisation, bien équipé. Le restaurant Le Cordon bleu jouit d'une bonne réputation. Il se trouve 36 via Saffi et donne sur la piazza di Porta San Felice. ☎ 6491432, ƒ 6492426. 120 chambres. 125 000-240 000 L ; 175 000-350 000 L.

★★★★ Hotel Forte Agip. A proximité de l'aéroport, mais calme cependant grâce à un trafic faible. Les chambres sur le jardin sont les plus confortables. Parking gardé. Il se trouve 203/14 via M.E. Lepido, hors les murs, dans le quartier Borgo Panigale, près de l'aéroport. ☎ 401130, ƒ 405969. 105 000-204 000 L ; 130 000-259 000 L, petit déjeuner inclus.

★★★ Maggiore. Hôtel confortable, bien équipé. Même gestion familiale depuis trente ans. Situé 62/3 via Emilia Ponente. ☎ 381634, ƒ 312161. 62 chambres. Fermeture en août. 75 000-160 000 L ; 120 000-230 000 L.

Dans le quartier des foires (D1 et au nord de D1)

★★★★ Fiera I Pasoti. A l'entrée du quartier des foires, près du boulevard périphérique. Hôtel restauré, idéal pour la clientèle d'affaires, équipé pour les congrès. Situé 82 via Stalingrado. ☎ 377735, *f* 352947, 87 chambres. 117 000-227 000 L ; 167 000-334 000 L, petit déjeuner inclus.

★★★★ Holyday Inn Bologna City. Luxueux, décorations en marbre, chambres élégantes, offrant tout le confort : piscine, parc, parking gardé, restaurant La Meridiana. Equipé pour clientèle d'affaires, pourvu d'un centre de congrès de 7 salles. Situé à l'entrée du quartier des foires, 1 piazza delle Constituzione. ☎ 372172, *f* 357662. 162 chambres. 135 000-270 000 L ; 195 000-450 000 L, petit déjeuner inclus.

★★★ Maxim. Hôtel confortable proposant des chambres bien équipées. Son restaurant Al cambio est réputé. Situé 152 via Stalingrado. ☎ 323235, *f* 320535. 29 chambres. 50 000-150 000 L ; 50 000-220 000 L.

Dans le quartier de l'université (D2-C2)

★★★★ San Donato. Dans un cadre ancien, un hôtel moderne, restauré en 1992, offrant tout le confort. Propose des salles de réunions. Situé dans le centre, dans le quartier universitaire, 16 via Zamboni. ☎ 235395, *f* 230547. 59 chambres. Parfois fermé en août. 100 000-285 000 L ; 150 000-400 000 L.

★★★ University. Très confortable, récemment rénové, situé dans le quartier de l'université, près du Théâtre communal. Position idéale pour les amoureux de la musique classique. Situé 7 via Mentana. ☎ 229713, *f* 229713. 21 chambres. Fermé en alternance avec l'hôtel Holiday. 75 000-150 000 L ; 110 000-220 000 L, petit déjeuner inclus.

★★★ Cavour. Petit hôtel confortable et bien équipé, situé dans le centre, dans un immeuble de caractère, 4 via Goito. ☎ 228111, *f* 222978. 20 chambres. 60 000-140 000 L ; 80 000-210 000 L.

★★★ **Holiday.** Propose des studios avec cuisine au prix des chambres, pour moyens et longs séjours. Situé 13 via Bertiera. ☎ 235326, *f* 234591. Fermé à Noël, et en juillet-août en alternance avec l'hôtel University. 75 000-150 000 L ; 110 000-120 000 L, petit déjeuner inclus. On parle français.

★★ **San Giorgio.** Hôtel moderne, confortable et fonctionnel. Situé à côté du Théâtre communal et de nombreux musées, dans le quartier universitaire, il est fort commode pour les touristes. Il se trouve 17 via delle Moline. ☎ 248659, *f* 250556. 30 chambres. 60 000-140 000 L ; 90 000-200 000 L.

★★ **Hôtel dell'Accademia.** Situé dans la rue de la pinacothèque, c'est un hôtel agréable malgré quelques chambres un peu bruyantes. Parking intérieur. Il se trouve 6 via delle Belle Arti. ☎ 232318, 263590. 28 chambres. Fermé en août. 60 000-90 000 L ; 70 000-120 000 L.

Dans le quartier du Pratello, zone San Felice, à l'intérieur des murs (A2-B2)

★★★ **Re Enzo.** Hôtel moderne très confortable, situé dans le centre historique et commercial, fréquenté par une clientèle d'affaires. Propose des salles de réunions. Situé 26 via Santa Croce, dans le quartier du Pratello, à 5 mn du centre, près de la porta S. Felice. ☎ 523322, *f* 554035. 51 chambres. Fermé en août. 80 000-155 000 L ; 115 000-230 000 L, petit déjeuner inclus.

★★★ **San Felice.** Hôtel moderne, confortable et fonctionnel, dans le centre commerçant. Situé 2 via Riva di Reno, à 5 mn du centre, près de la porta S. Felice. ☎ 557457, 558258, *f* 558258. 36 chambres. 70 000-140 000 L ; 100 000-200 000 L.

Dans le centre, dans le quartier Santo Stefano

★★★ **Touring.** Elégant, moderne, calme, complètement restauré, accueil et ambiance cordiaux. De la terrasse panoramique sur les toits, vous jouirez d'une très belle vue sur Bologne et ses collines au coucher du soleil. Bicyclettes à la disposition des clients. Garage. Situé 1/2 via de'Mattuiani, à côté du tribunal, à 5 mn de la galerie Cavour. ☎ 584305, ƒ 334763. 39 chambres. 75 000-140 000 L ; 100 000-190 000 L, petit déjeuner inclus.

★ **Perla.** Petit hôtel sans prétention, en cours de restauration. Situé 77/2 via San Vitale. ☎ 224579. Comptez 44 000 L ; 75 000 L.

★ **San Vitale.** Ouvert toute l'année. L'hôtel vient d'être refait et vous offrira en plein centre des chambres claires, proprettes et silencieuses. Petit jardin intérieur. Toutes les chambres donnent côté cour. Demandez les n°s 114, 115 ou 116, ce sont les plus coquettes. Accueil sympathique. On n'y sert pas de petit déjeuner. Situé 94 via San Vitale. ☎ 225966, ƒ 239396. 17 chambres avec salle de bains. Une très bonne adresse. Un bon rapport qualité-prix. Comptez de 65 000-90 000 L ; 85 000-115 000 L. Attention, les prix sont légèrement majorés pendant la période des foires.

Hors les murs, après la porta Mazzini (à l'est de E3)

★★ **Villa Azzurra.** Situé dans une villa du XVIIIe siècle rénovée il y a deux ans, au cœur d'un parc tranquille, un des rares deux-étoiles de charme à Bologne. Accueil sympathique et chaleureux. Prix doux : 60 000-90 000 L ; 90 000-130 000 L. Il se trouve 49 via Felsina, hors les murs, après la porta Mazzini, vers San Lazzaro. ☎ 535460, ƒ 531346.

Chez l'habitant

Gabriella Faccioli. Un des rares bed & breakfast de la région, situé dans une ancienne ferme restaurée, sur la colline de la ville. Offre tout le confort moderne, parking, parc. Sa situation isolée garantit un grand calme. Il se trouve 4 via Cavaioni, sur la colline, dans la continuation de la via dei Colli qui, après le hameau de Paderno, s'unit à la via di Casaglia, dans le quartier Colli. ☎ 589006. Fermé le mar. et en novembre.

Ce type d'initiative devrait se développer dans la région : n'hésitez pas à vous informer à votre arrivée.

Les auberges de jeunesse

Auberge de jeunesse. Propose de grandes chambres pour 4 à 6 personnes. Jardin, avec possibilité d'y dîner le soir. Située 5 via Viadagola, hors les murs, une rue latérale de la via San Donato qui commence piazza di Porta San Donato (E2). ☎ 501810. Fermé du 20 décembre au 20 juin. 17 000 L, petit déjeuner inclus.

Auberge de jeunesse. Située dans une grande villa au cœur d'un jardin. Gérée par la précédente. Elle se trouve 14 via Viadagola, San Sisto (au nord-est de E1). ☎ 519202. Fermé du 20 décembre au 20 janvier. 17 000 L, petit déjeuner inclus.

Les campings

Camping Città di Bologna. Le seul camping à Bologne. Il est possible de louer un bungalow complètement équipé, au cœur d'un jardin. Bar. Situé

12/4 via Romita, derrière le quartier des foires. On l'atteint par la via San Donato (au nord-est de E1). ☎ 325016, ƒ 325318. Fermé du 1er septembre à Noël. Adulte 20 000 L, bungalow 70 000 L.

Les résidences

A Bologne, aucune agence ne loue d'appartements à la semaine. Il existe une autre possibilité si vous comptez rester un peu plus longtemps dans la région : les résidences. A condition de rester un mois, vous serez logés dans des hôtels de haut niveau à des prix tout à fait convenables, avec possibilité de coin cuisine (Executive Residence, 161 via Ferrarese. ☎ 051 37 29 60. Elite, 36 via Saffi. ☎ 6 49 14 32). Sinon vous pouvez aussi louer un bungalow dans le camping sus-mentionné.

Loger, dormir, habiter en dehors de la ville

A Casalecchio di Reno, à 8 km à l'ouest de Bologne

★★★ **Pedretti.** La réputation d'hospitalité chaleureuse de la famille qui gère cet établissement remonte à 1887. Hôtel classique, standard, fonctionnel, offrant tout le confort : parc, parking, ainsi qu'un restaurant typique. Il est situé 255 via Porrettana. ☎ 572149, ƒ 578286. 24 chambres. Comptez 60 000-95 000 L ; 95 000-130 000 L.

A Castel Maggiore, à 9 km au nord de Bologne

★★★ **Olimpic.** Tout confort, bon accueil, bon restaurant. Propose aussi des structures pour des réunions d'affaires. Situé 23 via Galliera. ☎ 700861, ƒ 700776. 63 chambres. Comptez 67 000-110 000 L ; 90 000-160 000 L. Chiens acceptés.

A San Lazzaro di Savena, à 6 km au sud-est de Bologne

★★★★ Le Siepi. Son style raffiné est celui d'une villa de campagne restaurée nichée au cœur d'un parc. Grand confort moderne, accueil chaleureux et ameublement raffiné. Offre également des structures pour des réunions d'affaires, des conférences. Situé à 2 km, à Idice, 514 via Emilia. ☎ 6256200, *ƒ* 6256243. 39 chambres. Comptez 95 000-190 000 L ; 135 000-270 000 L.

A Villanova, à 7 km à l'est de Bologne

★★★★ Novotel Bologna Est. Grand complexe ultra-moderne, situé dans un jardin, offrant tout le confort et un immense centre d'accueil de congrès. Pourvu de toutes les installations sportives. Il se trouve 31 via Villanova. ☎ 781414, *ƒ* 781752. 206 chambres. Comptez 190 000-245 000 L.

LES PLAISIRS DE LA TABLE

Les coordonnées entre parenthèses font référence au plan du centre ville.

Dans la capitale de la gastronomie émilienne

A Bologne, on déjeune de 13h à 14h30 ; on peut dîner de 20h30 à 22h30, et bien plus tard dans les *osterie* (voir p. 89, 98).

« Quand vous entendez parler de la cuisine bolonaise, faites une révérence, elle la mérite bien. C'est une manière de cuisiner un peu lourde, le climat l'exige. C'est succulent, de bon goût et sain, tant il est vrai qu'à Bologne une longévité frisant les quatre-vingts à quatre-vingt-dix ans est plus commune que partout ailleurs. » C'est au célèbre Pellegrino Artusi que l'on doit ce brillant éloge, relevé dans son traité de gastronomie du siècle dernier. La cuisine *petro-*

niana était déjà célébrée au Moyen Age par les voyageurs, les rois, les lettrés, et c'est elle qui vaudra à la cité son appellation de *grassa*. Bologne « la docte et la grasse » : grasse parce que gourmande, capiteuse, sensuelle, vouée au culte de la gastronomie. La cuisine ici est un art, grâce à un goût particulier pour la bonne chère, pour les saveurs raffinées, cultivées amoureusement par des générations de gourmets. La restauration est à tous les niveaux un véritable délice pour les connaisseurs. Laissez-vous tenter par toute la palette des pâtes fraîches : les délicieux *tortellini in brodo* (à base de viande), le plat bolonais par excellence, les *tortelloni* (à base de fromage blanc *ricotta*), les fameuses lasagnes *verde*, les tagliatelle, la *gramigna*… Surtout, n'oubliez pas de savourer les succulentes truffes blanches (*tartufo*), les champignons (*porcini*), la charcuterie (la mortadella : Pline nous conte combien l'empereur Auguste en raffolait déjà). De nombreux chefs proposent aujourd'hui des versions nouvelles (« allégées ») de ces mets classiques. L'association Arcigola Slow Food réunit tous les gourmets soucieux de promouvoir et de jouir d'une gastronomie digne de ce nom ; son label est donc toujours de bon augure.

Dans le centre à côté et autour de la piazza Maggiore (C2-C3)

★★★★ Battibecco. 4/b via Battibecco (derrière la préfecture). ☎ 223298, 263579. Fermé le dim. et une partie du mois d'août. Cuisine émilienne traditionnelle, poisson, bonne carte des vins. Dans un cadre aux couleurs pastel, sièges de jonc, élégance chaleureuse et accueillante, véranda l'été. Réservation conseillée. 70 000-110 000 L.

Antico Ristorante Benso. 3/b Vicolo San Giobbe (dans le quartier du ghetto). ☎ 263618, 223904. Très près des Deux Tours. Service de 12h30 à 15h et de 19h30 à 23h. Fermé le dim. et en août. Deux salles rustiques avec objets du Moyen Age et gravures anciennes. Le mariage de la lumière et du bois crée une ambiance chaleureuse. 35 000-60 000 L.

La Braseria. 2 via Testoni (transversale à la via Ugo Bassi). ☎ 222839, 264584. Fermé le dim. Bonne cuisine régionale, plats typiques, bon accueil. Laissez-vous conseiller par les serveurs ou le patron. Ambiance familiale dans ce restaurant fréquenté par les sportifs. Comptez environ 40 000 L.

★★ Buca San Petronio. 2/4 via de'Musei. ☎ 224589. Service de 12h à 15h30 et de 19h à 24h. Fermé le mer. soir, le jeu. et en août. A quelques pas de la piazza Maggiore. Cuisine typique. Le jour, déjeuner servi sur une belle terrasse. 37 000-55 000 L.

Buca San Pietro. 3/c via Montegrappa. ☎ 224543. Service de 12h à 15h et de 19h à 23h. Fermé le mar. et en juillet. A deux pas de la piazza Maggiore, petit restaurant dans une cave avec voûtes. Bonne carte des vins. 44 000-51 000 L.

★★★★ I Carracci. 2 via Manzoni. ☎ 222049. Service de 12h30 à 14h30 et de 19h30 à 22h30. Fermé le dim et trois semaines en août. C'est le restaurant du Grand Hotel Baglioni, un des plus élégants de la ville. La salle est décorée de fresques des Carracci. 70 000-105 000 L.

Cesari. 8 via de'Carbonesi. ☎ 237710, 226769. Service de 12h30 à 15h30 et de 19h30 à 1h. Fermé les dim. et sam., en juillet-août et la première semaine de janvier. Splendide salle avec boiseries, lampadaire en fer forgé et gravures anciennes. Cuisine rustique revisitée qui reste généreuse. Accueil chaleureux. 39 000-55 000 L.

La Colombina. 5 Vicolo colombina. ☎ 231706. Service de 12h30 à 15h et de 19h30 à 23h. Fermé le mar. (sauf période des foires) et en juillet. Ruelle derrière l'église San Petronia. Dans un joli cadre calme et élégant. Spécialités au grill (contre-filet et gnocchi). 35 000-66 000 L.

Da Adolfo. 7/d Cour de'Galluzzi. ☎ 226481. Service de 12h30 à 14h30 et de 19h30 à 23h. Fermé le dim., le sam. soir de juin à septembre, deux semaines en août et une semaine à Noël. Petit restaurant accueillant au pied de la tour Galluzzi.

★★★ Da Carlo. 6 via Marchesana. ☎ 233227. Service de 12h30 à 14h45 et de 19h30 à 22h. Fermé les mar. et dim., sauf période des foires, du 1er au 15 janvier et du 20 au 31 août. Entre les Deux Tours et la piazza Maggiore. Superbe édifice sous des arcades gothiques, particulièrement apprécié l'été. 43 000-70 000 L.

★★ Da Nello. 2 via Monte Grappa (derrière Ugo Bassi). ☎ 236331. Service de 12h à 15h et de 19h à 23h30. Fermé le lun. et en août. Excellente cuisine régionale. En automne, délicieux plats à base de gibier et de champignons. 43 000-62 000 L.

Dante. 37/a via Nosadella. ☎ 330604, 581109. Service de 12h à 14h30 et de 17h30 à 22h30. Fermé le dim. et en août. La cuisine y est si créative que le chef est surnommé « le démon de la gastronomie ». 55 000 L environ.

★★★ Diana. 24 via dell'Indipendenza. ☎ 231302, ƒ 228162. Service de 12h15 à 14h30 et de 19h15 à 22h30. Fermé le lun. et en août. Ambiance élégante et raffinée. Grande salle un peu formelle. Lampadaire de cristal et grands miroirs dorés aux murs. Lieu par excellence de la cuisine bolonaise. Goûtez les *tortellini in brodo,* le pot-au-feu à l'émilienne, les merveilleuses glaces. Véranda l'été. 55 000-80 000 L. Attention, très couru en période de foire.

★★ Donatello. 8 via A. Righi (près de la via dell'Indipendenza). ☎ 235438. Service de 12h15 à 14h et de 19h15 à 22h. Fermé le dim. soir et le sam. (sauf période des foires). Géré par la même famille depuis 1903. Atmosphère fin XIXe siècle. Ce restaurant a accueilli d'illustres clients : Puccini, Fellini… 35 000-48 000 L sans le service.

★★★ Duttour Balanzon. 3 via Fossalta (transversale à la via Rizzoli). ☎ 232098, ƒ 224126. Fermé le mar.

et pendant une période en juillet. Cadre gracieux, boiseries et céramiques aux murs, beaux lampadaires. Cuisine typique bolonaise. 40 000-70 000 L.

★★★ Fagiano. 2 via Calcavinazzi (transversale à Ugo Bassi). ☎ 236628. Pizzeria. Fermé le jeu. et pendant une période en août. Quelques tables dehors. Cuisine émilienne. 20 000-35 000 L.

Franco Rossi. 3 via Goito. ☎ 238818. Service de 12h30 à 15h30 et de 19h30 à 23h20. Fermé le dim. en été, le mar. en hiver. Intime, ravissant, fleuri. Restaurant apprécié des Bolonais pour sa nouvelle cuisine à l'italienne servie sans parcimonie : *cappellacci* à la marjolaine, émincé de veau aux perles de courges et truffes noires. Œnothèque et dégustation de vins. Très couru. 65 000-105 000 L.

La Montanara. 15 via A. Righi. ☎ 221583. Fermé le dim. Petit restaurant dans une salle décorée de manière originale. Ambiance familiale, cuisine typique, accueil chaleureux, prix modestes.

★★★★ Nuovi Notai. 1 via de'Pignattari. ☎ 228694, *f* 268694. Service de 12h à 15h et de 20h à 23h30. Fermé le dim. (sauf période des foires). Elégant, raffiné, feutré. Fréquenté par les célébrités locales. Marie les spécialités de la cuisine traditionnelle émilienne (champignons *porcini*, truffes, gibier) à la cuisine française. Piano-bar. Réservation conseillée. 40 000-70 000 L.

Pizzeria Trattoria Il Portico. 11/a via A. Righi. ☎ 221185. Service de 12h à 14h30 et de 19h à 24h. Fermé le mer. et en août. Ambiance rustique et lumière tamisée pour cette trattoria à l'atmosphère chaleureuse. Cuisine bolonaise et pizze. 14 000-58 000 L.

★★★ Rodrigo. 2/h via de la Zecca. ☎ 220445, 235536. Service de 12h30 à 15h30 et de 19h30 à 0h30. Fermé le dim. et du 1er au 15 août. Le respect de la tradition gastronomique bolonaise lui a valu la visite d'illustres personnages comme Enzo Ferrari. On peut y dîner après l'opéra. Toute la gamme des pâtes, viandes, alliances délicates des produits de la mer. Belle carte des vins. 50 000-85 000 L.

*** Rosteria Luciano. 19 via Nazario Sauro. ☎ 231249, 260948. Service de 12h30 à 14h et de 19h30 à 22h30. Fermé le mer., à Noël et en août. Cadre raffiné, bon accueil et cuisine traditionnelle soignée. Jardin d'hiver. 45 000-70 000 L.

Serghei. 12 via Piella (près de la via Oberdan, transversale à la via Rizzoli). ☎ 233533. Cuisine bolonaise dans un cadre chaleureux. Pourquoi ne pas y déjeuner lors de votre promenade au fil des derniers canaux de la ville ?

** Teresina. 4 via Oberdan (pas loin des Deux Tours). ☎ 228985. Service de 12h15 à 14h45 et de 19h à 22h30. Fermé le dim. et deux semaines en août. Dans une rue tranquille, propose une carte avec des spécialités bolonaises et siciliennes. Grand choix de plats à base de poisson. 40 000-70 000 L.

Tinello. 1 via dei Giudei (au pied des Deux Tours). ☎ 221569. Fermé les sam. et dim. Cuisine régionale.

*** Torre de'Galluzzi. 5/a cour de'Galluzzi. ☎ 267638, ☎/𝑓 223297. Service de 12h30 à 15h et de 20h à 23h. Fermé le dim., la première semaine de janvier et la première semaine d'août. Dans une des dernières tours médiévales, riche de splendides salles avec des plafonds à caissons, sur une cour où l'on respire encore l'atmosphère du passé. Cuisine raffinée spécialisée en plats à base de poisson (60 000 L environ). Laissez-vous conseiller pour goûter les vins régionaux les plus savoureux. Réservation conseillée. 50 000-80 000 L.

Trattoria da Gianni. 18 via Clavature (qui part de la piazza Maggiore). ☎ 229434. Service de 12h30 à

14h30 et de 19h30 à 22h30. Fermé le lun., du 15 juillet au 15 août et une semaine après l'Epiphanie. Restaurant accueillant, plein de charme, cuisine typiquement bolonaise et excellente. Une mamma opulente vient râper le fromage au-dessus de votre assiette. Ne manquez pas de goûter, en saison, les *tortelloni* aux châtaignes ou l'agneau de lait. Réservez. 35 000 L environ.

Trattoria da Pietro. 18 via de Falegnami (transversale à la via dell'Indipendenza). ☎ 230644. Service de 12h30 à 14h et de 19h30 à 23h. Fermé le lun., le dim. soir, 15 jours en février et 15 jours en août. Trattoria tranquille et sans prétention. Cuisine locale, ombrienne, du Lazzo et des Marches. Comptez 30 000-62 000 L.

Dans le quartier de Santo Stefano (D3), à l'intérieur des murs, avant la porta Santo Stefano

Clorofilla. 64/c strada Maggiore (la rue part des Deux Tours). ☎ 235343. Restaurant végétarien, qui fait aussi salon de thé.

★★★ Grassilli. 3 via del Luzzo (transversale à la strada Maggiore). ☎ 222961, 237938. Service de 12h30 à 14h30 et de 20h à 22h15. Fermé le mer., le dim. soir, le soir les jours fériés, du 22 décembre au 2 janvier et du 15 juillet au 15 août. C'est l'ancien siège du cercle lyrique de Bologne ; il a conservé des photographies des chanteurs illustres de l'époque. La cuisine régionale est très raffinée, avec quelques touches françaises. 60 000-90 000 L sans le service.

★★★★ Papagallo. 3/c piazza della Mercanzia. ☎/ƒ 232807. Service de 12h30 à 14h30 et de 19h30 à 0h30. Fermé le dim. et une semaine en août. Le « molto chic » de la ville. Dans un des palais les plus anciens (XIIIᵉ siècle), au cœur de la cité médiévale. Un point de référence pour la cuisine piétronnienne.

Animation musicale de temps à autre. Réservez. 65 000-110 000 L.

★★★ Trattoria Leonida. 2/b Vicolo Alemagna. ☎ 239742. Service de 12h30 à 15h et de 19h30 à 23h. Fermé le dim. et en août. Dans une ruelle ancienne, caractéristique. Ambiance sobre et classique. Cuisine traditionnelle innovative, personnalisée. Grand choix d'entrées. Réservation conseillée. 40 000-65 000 L.

Dans le quartier de San Felice, à l'intérieur des murs, avant la porta Lame (B1-B2)

Da Bertino e Figli. 55 via delle Lame. ☎ 522230. Service de 12h à 14h45 et de 19h à 22h30. Fermé le dim. et en août. Petit restaurant simple, ambiance familiale. Goûtez les savoureux gnocchi. Très bon rapport qualité-prix. Environ 35 000 L.

Taverna di Merlino. 42/c via San Carlo. ☎ 246401. Service de 12h30 à 14h30 et de 19h à 0h30. Fermé le dim. et en juillet et août. Accueil chaleureux. Ouvert tard le soir. Vidéo géante et musique. 25 000-40 000 L.

Dans le quartier de Santo Stefano (D3-D4)

★★★ Antica Osteria Romagnola. 13 via Rialto. ☎ 263699, 239310. Service de 12h30 à 14h30 et de 20h à 23h. Fermé les lun. et mar. midi, du 1er au 10 janvier, à Pâques et en août. Des instruments de musique ornent les murs. Pianiste. Très apprécié pour sa savoureuse cuisine méridionale (*risotto alla erbe*, *ravioli alla fonduta*). Terrasse intérieure l'été. 50 000-75 000 L.

Cesarina. 19/b via Santo Stefano. ☎ 232037, 227212. Service de 12h à 14h45 et de 19h40 à 22h40. Fermé le lun., le mar. midi et du 1er au 15 janvier. Ce restaurant très fréquenté l'été pour sa terrasse est également réputé pour sa cuisine régionale et ses plats ombriens. Ambiance calme et agréable. Donne sur la merveilleuse piazza Santo Stefano et les trois églises. 45 000-65 000 L.

** **Drogheria della Rosa.** 10 via Cartoleria (transversale de Santo Stefano). ☎ 222529. Service de 12h à 15h et de 19h30 à 1h30. Fermé le dim. et du 7 au 31 août. Sous les arcades d'une petite rue, ce restaurant, petit et sympathique, est plein d'ambiance. Clientèle universitaire. Excelle par sa cuisine inventive, savoureuse et délicate. Jardins intérieurs. 45 000-65 000 L.

Sur la colline près du quartier Santo Stefano

La Cava. 81/2 via dell'Angelo Custode (on part de la via Siepelunga). ☎ 472941. Ouvert seulement le soir. Fermé le lun. Dans un « amphithéâtre » naturel niché dans une ancienne carrière de craie. Terrasse l'été. Salle de tradition historique, sobre, élégante. Bonne carte de vins. Environ 35 000 L. L'été on peut y assister à des manifestations artistiques : concerts, films en plein air, spectacles, voire soirées dansantes. C'est le siège de l'Arcigola.

En dehors des murs dans le quartier Lame, après la porta Lame (A1)

Da Sandro al Navile. 15 via del Sostegno. ☎ 6343100. Service de 12h à 15h et de 19h30 à 23h. Fermé le dim., du 29 décembre au 5 janvier et en août. Un des restaurants « symboles » de la bonne cuisine, où le chef, tout en respectant les canons de la gastronomie régionale, fait preuve de grande créativité. Splendides décorations. Situé sur une petite île du canal Navile. 50 000-70 000 L.

Dans le quartier des foires (au nord de D1)

** **Cambio.** 150 via Stalingrado. ☎ 328118, 328124, ƒ 320535. Fermé le dim. et pendant une période en juillet. Cuisine créative dans un cadre avenant et confortable. Situé dans le complexe de l'Hôtel Maxim, mais avec une gestion indépendante. 40 000-65 000 L.

Gigina Trattoria. 1/b via Stendhal (direction et zone de Corticella). ☎ 322300, 322132. Service de 12h à 15h et de 19h à 22h. Fermé le sam., du 24 février au 1ᵉʳ mars, à Pâques et en août. Petit restaurant simple et agréable. Cuisine traditionnelle. A proximité du quartier des foires. Ambiance familiale et clientèle d'affaires. Laissez-vous conseiller par la Gigina, personnage haut en couleur. Accueil chaleureux. 30 000-40 000 L.

Luisa. 10 via Bentini. ☎ 320404. Fermé le sam. Ambiance familiale, cuisine traditionnelle, prix modérés.

Dans le quartier universitaire (E2)

Hosteria da Matusel. 2/2 via Bertoloni (transversale de la via Irnerio). ☎ 231718. Fermé le sam. midi, le dim. et en août. Clientèle d'étudiants. Service de 12h à 14h30 et de 19h à 0h45. Plus que pour la cuisine très modeste, il faut y aller pour l'ambiance et le cadre typiques des *osterie*. Le menu change chaque jour. Idéal pour les petits budgets. Accueil sympathique. 20 000 L environ.

Dans le quartier de la gare (B1-C1)

★★ Fraschetta. 53 via Fioravanti (derrière la gare près du marché *ortofrutticolo*). ☎ 369944, **f** 40129. Fermé le dim. Cuisine bolonaise typique. Carte de vins locaux et internationaux. Cadre classique et raffiné. Nouvelle gestion. Comptez 40 000-55 000 L.

★★★ Risbò. Viale Pierro Pietramellara (en face de la gare). ☎ 246270. Service de 12h30 à 14h50 et de 19h30 à 23h. Fermé le dim. et trois semaines en été. A ne pas confondre avec le bar du même nom. Grande salle ornée de décorations d'époque. Restaurant pourvu d'une terrasse et d'un jardin, cuisine dans le respect des plus anciennes traditions. 45 000-80 000 L. **Il Tartufo.** 34/f via del Porto (près de la piazza dei Martiri, à 10 mn de la gare). ☎ 252662. Service de 12h30 à 15h et de 19h30 à 23h. Fermé le dim., le sam. en juin et juillet, la dernière semaine de décembre, à Pâques et en août. Cuisine tradition-nelle régionale et ombrienne. 40 000-110 000 L.

Dans le quartier de l'aéroport (à l'ouest de A2)

★★ **Nonno Rossi.** 36/38 via dell'Aereoports. ☎ 401295, *f* 406975. Service de 12h à 15h et de 19h à 22h30. Un des rares lieux de restauration dans les environs de l'aéroport. Cuisine italienne et bolo-naise. Amples salles de réceptions. Délicieuses grillades. 40 000-63 000 L sans le service.

Dans le quartier Saragozza, à l'intérieur des murs le long du portique qui mène à San Luca (A4)

Trattoria Boni. 88/a via Saragozza. ☎ 585060. Ser-vice de 12h à 14h45 et de 19h30 à 22h30. Fermé les jours fériés, les ven. et sam. midi, deux semaines en août, à Noël et à Pâques. Situé à proximité de la porta Saragozza. La rusticité de l'ambiance se marie parfaitement avec la cuisine de campagne. Goûtez les *parpadelle* aux champignons. 30 000-45 000 L.

Hors les murs

Après porta San Felice (à l'ouest de A2)

Angolino. 31 via Piave (transversale à la via Saffi). ☎ 6143775. Fermé le mer. et en hiver. Accueillant et chaleureux. Cuisine régionale (*pappardelle* aux champignons, gnocchi), terrasse dans le jardin l'été. 30 000-50 000 L.

★★★ Antica Trattoria del Cacciatore. 25 via Caduti di Casteldebole (dans la banlieue limitrophe, après Borgo Panigale, dans la direction de Casalecchio). ☎ 564203, 567128. Fermé le lun. et le dim. soir, de Noël à l'Epiphanie et pendant une période en août. En dehors de la ville, avenant et de type rustique, avec un jardin et une véranda l'été. Idéal pour les déjeuners en groupe. Cuisine émilienne, bonne carte des vins. 35 000-75 000 L.

★★★ Cordon bleu. 36/38 via Saffi, restaurant du Grand Hôtel Elite. ☎ 6492230. Service de 12h30 à 14h30 et de 19h30 à 22h30. Fermé le sam. soir, le dim. et du 25 juillet à fin août. Situé sur la via Emilia, il jouit d'une très bonne réputation, clientèle raffinée. Le chef personnalise les plats de la gastronomie italienne traditionnelle. Piano-bar. 40 000-70 000 L.

Da Franco Hostaria La Bottega. 112 via Agucchi (transversale de la via Emilia, utilisez un plan de la ville pour le repérer). ☎ 311243. Fermé le dim. Dans une jolie maison de campagne restaurée, à la lueur des chandelles, cuisine traditionnelle personnalisée, inventive. Délicieux desserts. Accueil chaleureux. Franco, attentif à satisfaire ses clients, se promène en tablier au milieu des tables. Un peu bruyant en fin de semaine. Réservez. Menu à 50 000 L très correct.

La Pignatta. 18/d viale Silvani. ☎ 521700. Service de 12h30 à 15h et de 19h30 à 23h. Fermé le dim. et pour les congés annuels. Clientèle hétérogène. Le restaurant est apprécié des couples pour l'intimité des deux petites salles et du jardin intérieur. 50 000-60 000 L.

★★★ Posta. 21/a via della Grada. ☎ 6492106, ☎/ƒ 6491022. Fermé le lun. en hiver, les sam. et dim. en juin et juillet, et en août. Cuisine toscane sous les arcades. 40 000-60 000 L.

Trattoria Meloncello. 240/a via Saragozza. ☎ 6143947. Service de 12h15 à 14h30 et de 19h30 à 22h30. Fermé le lun. soir, le mar., les deuxième et troisième semaines de janvier et 15 jours en août. Véritable temple de la cuisine bolonaise aux pieds de la colline de San Luca. Atmosphère sobre, terrasse l'été. Demandez une table dans la salle des Tovaglioli. 30 000-45 000 L.

Après la porta Santo Stefano (au sud-est de E4)

La Cesoia. 90 via Massarenti. ☎ 393309. Service de 12h à 14h30 et de 19h30 à 22h30. Fermé le lun., le dim. soir et de fin juillet à fin août. Dans un cadre à la fois rustique et moderne, cuisine traditionnelle à base de spécialités ombriennes. 65 000 L environ.
Il Pellegrino. 8 via Murri. ☎ 342583. Fermé le mer. en hiver, le dim. l'été. Cuisine régionale.
★★ Antica Trattoria dello Sterlino. 71 via Murri. ☎ 342751, *f* 391170. Service de 12h à 14h30 et de 19h30 à 22h30. Fermé le mar., le sam. soir et en août. Attire une clientèle hétérogène. La carte change tous les jours. Réservez. 35 000-45 000 L.

Après porta Sant'Isaia,
en direction du stade, quartier de la Barca (à l'ouest de A3)

Paradisino Trattoria. 33 via C. Vighi, hors les murs. ☎ 566401. Fermé le mar. Dans une jolie maisonnette de campagne restaurée, chaleureuse, cuisine savoureuse et créative, très bon accueil. Véranda l'été. Durant le festival d'été, possibilité d'animation musicale sous la véranda. 30 000-45 000 L.

Dans la continuation des rues Maggiore (à l'est de E3)

Il Bitone. 111 via Emilia Levante. ☎ 546110. Service de 12h à 15h et de 20h à minuit. Fermé les lun. et mar. et en août. On le recommande pour la qualité de sa cuisine. Clientèle d'affaires, de politiciens et de sportifs. 50 000-76 000 L.

Hors les murs à San Luca (à l'est de A1)

Pizzeria da Vito. 5 via Monte Albano. ☎ 437711. Service de 12h à 14h30 et à partir de 19h. Fermé le dim. soir et les jours de fêtes. Bar, glacier : service de 14h30 à 19h. Sur les collines de San Luca, aux pieds de la basilique. De vieux outils agricoles sont exposés. Belle terrasse l'été et belle cheminée l'hiver. Un lieu idéal pour faire une halte durant votre promenade le long des arcades. 30 000-45 000 L.

Après la via d'Azeglio, quartier San Mamolo

*** Panoramica. 31 via San Mamolo. ☎/ƒ 580337. Fermé le dim. et pendant une période en août. De solide tradition, calme, dans un cadre de style Liberty, cuisine classique (champignons et poissons). 45 000-70 000 L.

Il Porticchetto. 21 via dei Colli. ☎ 581110. Service de 12h à 15h et de 20h à minuit. Fermé le lun. en hiver. Sur les collines de la ville, le Porticchetto jouit d'une vue privilégiée sur les collines et sur San Luca. Fait aussi pizzeria et piano-bar le soir. 30 000-40 000 L.

Découvrir l'art du café à l'italienne

Le bar Mocambo (le cappuccino nappé de cacao est une petite merveille), 1/7 via d'Azeglio, près de la piazza Maggiore, et les cafés de la via dell'Indipendenza.

Les bonnes pâtisseries

Chez Zanarini, piazza Galvani, près de S. Petronio, et à l'Antica Pasticceria Calderoni, 60 via dell'Indipendenza (salon de thé au 1er étage, goûtez le chocolat !).

Les délicieuses glaces locales !

Comme les Bolonais, vous dégusterez vos petits cornets plutôt debout, éventuellement en vous promenant ou lors de vos haltes

entre deux musées. Les prix varient de 2 500 à 4 000 L selon votre
appétit. Voici quelques très bonnes adresses :

> **Chez Ugo.** 24 via San Felice. ☎ 263849. Une véri-
> table institution ! Goûtez la *crema.*
>
> **Chez Mario.** 98 via d'Azeglio. ☎ 333034. Fait aussi
> salon de thé.
>
> **Gelateria delle Moline.** 13/b via delle Moline.
> ☎ 248470.

Si les restaurants sont souvent chers, les *trattorie* et les *osterie*, en
revanche, permettent de se régaler à des prix plus abordables.

Depuis quelques années, les fast-food américains pointent le bout
de leur nez mais, si vous voulez grignoter «façon locale» tout en
flânant, arrêtez-vous donc chez Altero (10 via Ugo Bassi et 33 via
dell'Indipendenza) où, depuis des générations, les Bolonais se font
tailler des carrés de pizza (environ 1 300 L le carré).

Les bonnes tables en dehors de la ville

A San Lazzaro di Savena, à 6 km au sud-est de Bologne

> ★★★★ **Sambuco.** 5 via della Reppublica. ☎ 464212.
> Fermé les dim. et lun. (en hiver le lun. et le dim.
> soir), pendant une période en janvier et en août.
> Cuisine émilienne et classique, très bonnes spéciali-
> tés de poissons. Dans un cadre moderne, lumineux
> et raffiné, calme, décoré avec goût, un service soi-
> gné et impeccable. Comptez 85 000-110 000 L.
>
> ★★ **Campagnola.** 60 via Casella. ☎ 460197. Fermé
> le lun. et en août. Géré par la même famille depuis
> trois générations. Cuisine émilienne classique,
> bonne carte des vins. Cadre moderne. Comptez
> 40 000-55 000 L.

A Trebbo di Reno, à 8 km au nord de Bologne

> ★★★ **Sole.** 67 via Lame. ☎ 700102, *f* 701138. Fermé
> le dim. et le sam. midi, de fin décembre à l'Epipha-

nie et en août. Dans un cadre moderne, une cuisine inventive et raffinée. Bonne carte des vins. L'été, on sert dehors. Comptez 40 000-70 000 L.

A Rastignano, en proche banlieue sud

Minestraio. 7 via Andrea Costa (continuation de la via Toscana). ☎ 742017. Fermé les lun. et mar. Une formule originale pour satisfaire votre fringale de pâtes, qui constituent la base de tous les plats (environ 35 variétés). Les sympathiques patrons font eux-mêmes le menu ; laissez-vous donc convaincre. Accueil chaleureux. Réservez. Comptez environ 40 000 L selon votre appétit.

A Casalecchio di Reno, à 8 km à l'ouest de Bologne

Biagi. 273 via Porettana. ☎ 572063. Service de 12h à 15h et de 19h30 à 23h. Fermé le mar., le dim. soir et du 25 décembre au 15 janvier. Petit restaurant familial et chaleureux. L'ambiance est très simple et doit sa notoriété aux plus petits tortellini du monde. Le glacier est renommé. Comptez 45 000-58 000 L.

LES PETITS ACHATS

Les rues commerçantes

Le parcours des tentations passe sous les portiques des rues du centre – via dell'Indipendenza, via Ugo Bassi, via Rizzoli, via Farini, via Santo Stefano, via d'Azeglio, le Pavaglione – et par les galeries. Près de la piazza Maggiore, à côté de la préfecture, vous verrez celle dédiée aux deux juges G. Falcone et P. Borsellino ; et du côté de la via S. Margherita, dans le quartier S. Stefano, il ne faut pas manquer la galleria de la Corte Isolani (du nom des marchands d'étoffe chypriotes établis à Bologne au XIIIe siècle), qui

unit la piazza S. Stefano à la strada Maggiore. Il est fort plaisant aussi de découvrir les boutiques sous les arcades des rues moins fréquentées, les magasins de la vieille ville aux traditions séculaires (bijouteries, librairies anciennes), souvent logés sur l'emplacement de boutiques médiévales et proposant des objets rares et curieux. Il n'y a que l'embarras du choix. Bologne aime la mode, aussi y trouverez-vous des boutiques raffinées, comme celles de la galerie Cavour (entrée via Farini), où les meilleurs stylistes italiens et étrangers exposent leurs collections (G. Franco Ferre, Gucci, G. Versace, Trussardi, Emporio Armani). Quelques bonnes adresses : Max Mara, Prada, Cerruti (via Rizzoli, via Carbonesi et via Farini), chez Giorgio (29 via S. Stefano), vêtements de la styliste en vogue Mariella Burani, les petites boutiques plus accessibles de la via d'Azeglio, etc.

L'artisanat

Bologne est réputée entre autres pour les étoffes de jute et de lin imprimées de dessins traditionnels (boutique dans la galerie de la Corte Isolani), les chemises pour hommes faites sur mesure, les cravates, les soieries, les lainages. L'artisanat se distingue par ses travaux raffinés en cuivre, en argent et en or, ou même de nombreux magasins d'antiquité, notamment via S. Stefano et via S. Vitale. On trouve aussi la célèbre céramique de faïence, le travail de l'or bleu, la maroquinerie (les boutiques Rossi, 8 via dell'Indipendenza et 9 via Rizzoli, offrent les plus beaux sacs et bagages réalisés à Bologne pour toute l'Italie ; leur label Redwall et la ligne des produits sont magnifiques). Une bonne adresse pour le fer forgé, le cuivre et l'étain : Cav. Antonio Prata, 1 via Caldarese.

Les spécialités gastronomiques

Enfin, pour ramener un peu de la saveur de vos vacances, remplissez votre panier de mortadelle, de parmesan, de jambon de Parme, de truffes et de lambrusco pétillant. Une excellente adresse : la Salumeria Tamburini, 1 via Caprarie qui donne sur la piazza della Mercanzia, le Fauchon local. Sans oublier les délicieux chocolats de chez Majani (les chocolats Fiat, la spécialité *scorza*), 5 via Carbonesi (C3, au-dessus du palazzo Bevilacqua). Pour les vins et la *grappa* (eau-de-vie locale), il existe de nombreuses œnothèques : l'Enoteca Italiana, 2/b via Marsala, est fort bien approvisionnée. On saura vous conseiller avec gentillesse et enthousiasme. Le vin local est le *lambrusco* : c'est un vin rouge, modeste, pétillant, assez surprenant la première fois pour un palais français (lambrusco de Sorbara). Il y a aussi les vins DOC (Appellation d'Origine Controlée) des *colli Bolognesi*, bons vins de table. Le scandiano est un vin blanc de la région (sauvignon). L'*albana* est un vin blanc DOCG, sec ou doux, de la Romagne, avec un léger arôme de noix verte. Le *sangiovese* est un vin rouge assez léger qui accompagne volontiers les plats de pâtes ou les viandes. Les eaux-de-vie sont parfumées aux fruits et sont vendues dans des bouteilles fort belles, de formes différentes : une excellente idée de cadeau.

Même si ces produits ne sont pas vraiment bon marché, ils restent cependant avantageux pour le touriste français en raison du change très favorable. Quelques bonnes adresses : **Pasquini et Brusiani**, 38 via delle Tofane (à l'est de A3) (☎ 6143697), les pâtes fraîches chez **Paolo Atti e Figli**, 7/e via Caprarie et 6 via Drapperie (donne via Rizzoli, prolongement sud de la via Oberdan, C3) (☎ 220425, 233349), ou chez **Montori Andretta**, 1 via Massone (☎ 342746).

Vous pourrez rapporter de nombreuses spécialités de pâtisseries comme le *panspeziale* aux fruits candis (spécialité de Noël), les *raviole* farcis à « moutarde » de Bologne, les *zuccherotti*, biscuits à l'anis… Vous les trouverez chez Zanella Luciano, 9 via Benizzi (☎ 321127). D'autres œnothèques : Enoteca Scaramagli, 31 strada Maggiore (☎ 227132), E. Gilberto, 5 via Drapperie (☎ 223925), Antica Drogheria Calzolari, 9 via Giuseppe Petroni, entre via Zamboni et via San Vitale (D2) (☎ 22 28 58).

Les marchés

Bologne s'anime tôt le matin du côté de la via Ugo Bassi, au **Mercato delle Erbe** (marché aux herbes) et dans les ruelles Clavature, Drapperie et adjacentes. Alors que les Bolonais ne sont pas tous de grands lève-tôt, les ménagères, elles, se rendent sur les magnifiques stands de fruits et légumes de bon matin. Ce marché est réellement un rendez-vous à ne pas manquer : le plus grand et le moins cher de Bologne, il offre un spectacle qui vaut le coup d'œil. Peu de primeurs savent en effet, comme les Italiens, arranger harmonieusement les étals selon les couleurs, les formes et les matières : c'est un véritable festival de tomates cerises et de poivrons rouge vif qui tranchent avec le vert des broccolis et des poireaux ou de la salade amère locale, la *rucola*. Les fromages ne sont pas de reste et les étals des laitiers regorgent de parmesan vieux, extra-vieux, de mozzarella de buffle et de fantastiques fromages du sud. Au milieu des cageots de légumes, de la volaille, des saucissons et de la faconde des vendeurs, émerge vivifiée la *bolognesità* et, sous la patine un peu réservée des temps qui courent, vous démasquerez les Bolonais de Testoni toujours prêts à échanger des blagues un peu salées, à plaisanter et à engager la conversation.

Piazza Aldrovandi (D3, entre la via San Vitale et la strada Maggiore dans le prolongement de la via Guerrazzi), il y a tous les jours un marché des quatre-saisons. Sous les Deux Tours, le deuxième samedi et dimanche du mois, on peut chiner parmi les tréteaux d'un marché artisanal. Les mêmes jours, la piazza S. Stefano abrite un marché d'antiquités fort prisé des connaisseurs. Les vendredis et samedis, un rendez-vous classique à ne pas rater : le marché de la Montagnola, piazza Otto Agosto, qui offre une gamme inouïe de vêtements et chaussures, neufs et d'occasion, de dentelles à l'ancienne et d'objets insolites.

Au printemps et en automne, sous les voûtes du palais du Podestat (piazza Maggiore), se tient le marché du livre neuf et d'occasion. Un magasin à ne pas manquer : le magasin **Coin**, situé 7 via Carbonesi. Tout en furetant dans les élégants rayons, au beau milieu du magasin sous un parterre en verre, vous pourrez contempler avec étonnement et ravissement les ruines d'un amphithéâtre.

Horaires d'ouverture des magasins : 9h-12h30, 15h-19h. Fermés le jeudi après-midi.

Les rituels de la ville

La mentalité bolonaise pourrait se définir comme un subtil cocktail de chaleur, d'expansivité et de réserve. Ainsi, le touriste note tout de suite la manière d'occuper l'espace : la distance physique apparaît sûrement plus « courte » ici. Les hommes par exemple s'embrassent ou se donnent de vigoureuses accolades et les saluts amicaux entre femmes ne sont pas exempts de caresses. Les Bolonais aiment à communiquer et on ne peut imaginer un voyage en train sans que vos compagnons ne vous adressent la parole et ne vous offrent spontanément la moitié de leur casse-croûte. Votre mutisme dans un compartiment pourrait sembler un signe de froideur.

De même, on aide volontiers quelqu'un en difficulté. On vous parlera facilement dans les lieux publics (pour vous prendre à témoin par exemple). Ce qui peut étonner le voyageur étranger, c'est le caractère intime que peuvent prendre certaines confidences en public ; mais au fond ces conversations restent souvent assez formelles.

La notion de temps et de retard pourra vous sembler assez élastique. L'exactitude absolue demeure une denrée assez rare, même dans les rendez-vous de travail ou pour le début d'un spectacle. La débrouillardise légendaire des autochtones se signale sans aucun doute dans la circulation, lieu de confrontation par excellence. Ce ballet tout à fait improvisé laisse libre cours à la créativité italienne, où chacun refait le code de la route à sa manière. Soyez donc prudents et souriants.

Lors de vos achats, surtout dans les boutiques de mode, vous serez parfois étonné du tutoiement de la vendeuse. Cet usage du « tu » n'est pas systématique, mais tout de même assez fréquent chez les jeunes vendeurs. En général, le « vous » (*lei*) est ressenti comme une marque de froideur ou de distance.

Sans doute noterez-vous au fil de votre séjour d'autres différences, mais c'est sûrement dans son paysage politique et social que l'originalité de Bologne est la plus frappante pour un étranger.

« Docte, grasse et rouge » : une ville paradoxale

« Bologne est une vieille dame, Bologne arrogante et papale, Bologne la rouge et la fœtale, Bologne la grasse et l'humaine, déjà un peu romagne et en odeur de Toscane, Bologne pour moi provinciale, Paris en mineur, Bologne capable d'amour, capable de mort, qui connaît le prix et la valeur des choses, qui sait où se trouve le suc du sel, Bologne est une riche dame qui fut paysanne, bienêtre, villas, bijoux et saucissons en vitrine, qui connaît l'odeur et le goût de la misère et veut se sentir à l'abri, Bologne est une étrange dame, vulgaire et matronne, Bologne enfant bien élevée, Bologne « prostituée », Bologne nombril du monde… » (extrait de la chanson *Bologna*, de l'auteur-compositeur et figure locale Guccini).

Rouge comme les façades de ses palais, comme ses traditions paysannes et ouvrières, comme l'exception d'un communisme inséparable du mot « bourgeois ». Aux yeux du promeneur étranger, cette nuance inédite sur la palette politique du Vieux Continent pourrait sembler insolite. Les communistes « réformistes » qui gouvernent la ville depuis quarante ans ont réussi à donner à leur cité cet air de « bien-vivre et de liberté ». Bourgeoise et cossue, jeune et vivante, artiste et industrieuse, historique et moderne, Bologne l'intellectuelle n'en finit pas de consolider son statut de cité des idées. Bologne la bourgeoise-communiste constitue une exception. Née d'un prolétariat agricole, elle a depuis longtemps découvert les méthodes nouvelles de gestion et de marketing capitaliste. Elle garantit aux siens un des plus hauts revenus de vie du pays, et les statistiques transalpines la placent régulièrement en tête du classement pour sa qualité de vie.

Entreprenante et organisée, gourmande et cultivée, elle affiche tant sa solidarité qu'on en oublie la primauté de son blason « Libertas, libertas ». Commune libre avant l'an mil, elle abolit le servage et la glèbe. Première université laïque d'Europe, elle compte dès le XIII siècle des femmes dans ses rangs d'étudiants et d'enseignants. Dans cette ville où il fait bon vivre, où naquit l'idée de coopérative, où fourmillent les managers, le sens civique est particulièrement développé. Le citoyen n'hésite pas à devenir mécène, les entreprises sponsorisent des travaux de rénovation, des résidents amoureux de leur ville organisent des concerts pour restaurer des chefs-d'œuvre, etc.

Cette bonhomie traditionnelle, cette dimension humaine, ce sens de la communauté, du civisme, de la démocratie – la ville fut la première communauté d'Italie à affranchir les esclaves avec l'argent public – caractérisent les habitants.

Le bien-être est la sanction de sa réussite. Son opulence a toutefois conduit Bologne à se refermer, comme les retraités qui font la *passegiata* sous les arcades ou discourent des heures durant sur la piazza Maggiore avant d'aller rêver devant les cravates en solde.

La ville possède véritablement deux facettes – sa bourgeoisie et son communisme, sa résistance et son hospitalité, son provincialisme et sa dimension internationale.

LES MOTS DE LA VILLE

Les mots gourmands

La sauce bolonaise. Celle que l'on sert habituellement dans les restaurants du monde entier n'est qu'une pâle imitation de l'authentique alchimie *petroniana*. L'outrage extrême pour un Bolonais est d'utiliser cette sauce avec des spaghetti. La vraie recette se compose de bœuf, lard, carottes, cerfeuil, oignons, tomates et vin blanc sec.

Grana. C'est le nom local du parmesan. Ce protagoniste indispensable de la table émilienne accompagne parfaitement les plats à base de pâtes. La fabrication de ce «prince des fromages» suit donc des règles bien précises. Son lait, par exemple, provient exclusivement des vaches des environs nourries de fourrages frais.

Grassa. Bologne est aussi une ville sensuelle et gourmande, ce qui lui vaut cette étiquette de «grasse», que la gastronomie locale est loin de démentir.

Lambrusco. C'est un vin rouge pétillant, dont la couleur va du rouge rubis au rosé et qui accompagne les plats locaux.

Lasagne. Pâtes typiques. Leur origine très ancienne les fait remonter à un manuscrit du XIVe siècle.

Mortadella. La renommée de Bologne en matière de charcuterie remonte à l'Antiquité. Au Moyen Age, elle dépasse les frontières. Tous les voyageurs en vantent la saveur. Elle sera exportée dans toute l'Europe et au XIXe siècle dans le monde entier, contribuant à l'image d'une Bologna « grassa ».

La sfoglia. Pour que les Bolonais n'oublient pas le secret des pâtes fraîches, on a créé le trophée Matterello d'oro (« rouleau d'or »). Hommes et femmes de tous âges concourent, le rouleau à la main, afin d'obtenir la feuille la plus fine.

Tagliatelle. Ces pâtes sont l'œuvre de maître Zafirano, cuisinier de la famille Bentivoglio. L'artiste se serait inspiré de la chevelure de Lucrèce Borgia, venue à Bologne pour épouser le duc d'Este de Ferrara.

Tortellini in brodo. « Si le père du genre humain a perdu le paradis pour une pomme, que n'aurait-il donné pour un plat de tortellini ? » Mille et une légendes courent sur leur origine… On les baptisa le « nombril de Vénus » car on raconte que, lors d'une rencontre entre Bacchus, Mars et Vénus dans une auberge du coin, l'aubergiste vit Vénus nue et fut tellement envoûté par la beauté de son nombril qu'il voulut le reproduire sous forme de pâtes. Au temps des croisades, un cuisinier les aurait créées pour que les preux chevaliers puissent serrer sur leur cœur un doux souvenir de leur pays. La troisième légende attribue leur invention au cuisinier de l'antipape Alessandro V, mort empoisonné à Bologne en 1410.

Tortelloni. Autre spécialité de pâtes typiques de la région. Farcies avec de la ricotta, des artichauts, des épinards, etc.

Les mots politiques

2 agosto. Commémoration des victimes de l'attentat terroriste survenu dans la salle d'attente de la gare de Bologne le 2 août 1980. Tous les ans à cette date, sur la piazza Maggiore, des manifestations et des spectacles rendent hommage à ces victimes.

Comunismo. Depuis la fin de la Seconde Guerre mondiale, l'idéologie dominante de la municipalité bolonaise a été le communisme. Il s'agit d'un communisme original, non orthodoxe, qui a permis la prolifération de la classe bourgeoise à l'intérieur de cette couleur politique.

Giuseppe Dozza. Maire communiste « mythique » de l'après-guerre, fort apprécié par la population locale.

La rossa. Rouge comme ses briques et rouge idéologiquement comme la majorité communiste qui gère la ville depuis l'après-guerre.

La svolta della bolognina. Un événement historique à l'intérieur du parti communiste, quand le PCI d'A. Occhetto est devenu en 1991 le PDS (Parti démocrate de gauche).

L'université

Alma mater. La fondation de l'université de Bologne remonterait à 1088, comme l'a rappelé la commémoration de 1988, même s'il devait déjà exister un système d'études bien organisé avant cette date.

DAMS. A l'intérieur de la faculté des Lettres et de Philosophie, Umberto Eco a créé un département devenu célèbre, celui des Disciplines artistiques, musicales et du spectacle (DAMS), où accourent bon nombre d'étudiants de tous les coins de l'Italie.

La dotta. C'est la formule consacrée pour désigner la ville. La « docte », car Bologne est l'université la plus ancienne d'Occident. Aux XIe et XIIe siècles, Bologne et Paris offrirent les modèles dont s'inspirèrent ensuite toutes les universités. Grâce à la valeur des intellectuels et des scientifiques qui y enseignent, l'université conserve encore aujourd'hui son prestige de « dotta ».

L'architecture

Portici. Bologne offre un très grand nombre d'arcades : 40 km la sillonnent, témoignant du goût des habitants, pour qui il fait bon s'y promener. Le portique est considéré comme le modèle architectonique le plus prestigieux de la rencontre de l'édifice avec la nature.

Celle-ci, vêtue de lumière et de couleurs, séduit le passant, l'invite à ne pas rester indifférent à la perspective. Le portique est devenu le canon de l'architecture bolonaise, et Bologne s'est identifiée à lui. Les arcades donnent à la ville son unité. Les premières datent du XIIe siècle, lorsque leur hauteur était calculée pour y laisser passer un homme à cheval. Bologne a trouvé sa griffe : fraîches en été, antipluie en hiver, ses arcades créent une ambiance intime propice à la flânerie. Les plus élégantes sont celles du Pavaglione.

Turrita. Les tours médiévales constituent un élément caractéristique de l'architecture bolonaise. Il y en eut plus de cent, érigées comme symboles de la puissance et de la richesse des familles.

Les mots pour le dire

Biassanot. Les gais lurons qui s'adonnent à la vie nocturne en allant d'une osteria à l'autre, buvant en bonne compagnie.

Incontrare sul crescentone. Les Bolonais, et en particulier les retraités, ont coutume de se retrouver sur l'esplanade en face de S. Petronio pour discuter de politique et des thèmes d'actualité les plus variés, sans oublier le sport…

Fare lo struscio. Un mode bien bolonais de décrire la promenade rituelle sous les arcades du Pavaglione. L'expression signifie exactement «se frayer un chemin dans la foule en traînant les pieds».

Sochmel. Expression vulgaire passée dans la langue commune avec un sens proche de *accidenti* (sorte de «zut!»). Marque l'étonnement.

Les trois T : tour, tortellini e tette. Les tours emblématiques de Bologne, les pâtes fourrées et, version plus coquine mais typique de l'humeur des indigènes, les «tétons».

Fare o raccontare la zirudela. Petite histoire humoristique que l'on se raconte, parfois à visée morale.

Les personnages célèbres

Les Carracci (XVIe-XVIIe siècles). A la fin du XVIe siècle, ils dominent la peinture locale. L'art de ces trois peintres baroques est souvent présent dans les édifices à visiter.

Lucio Dalla. Auteur-compositeur-interprète actuel, au grand succès populaire. Une des figures de la chanson locale et nationale.

Umberto Eco. Intellectuel, universitaire et écrivain qu'il n'est plus besoin de présenter. Après le DAMS, Umberto Eco a créé le prestigieux département des Disciplines de la communication.

Luigi Galvani (1737-1798). Titulaire de la chaire d'anatomie à l'université, il y fit ses expériences sur l'électricité animale.

Guglielmo Marconi (1874-1937). L'homme qui «lança le mot d'un hémisphère à l'autre». Vous pourrez visiter la villa Griffone, sanctuaire marconien et résidence de la famille. C'est là que le grand physicien fit ses premières expériences.

Giorgio Morandi (1890-1964). Le grand peintre contemporain emblématique de la ville. On dit que son musée est une des pierres précieuses de la cité et que, de là, le peintre contemple encore aujourd'hui sa ville. Morandi, peintre du silence, poète des choses humbles, revendiqua toujours son statut d'«homme de province». Il devint un mythe pour la ville, avec laquelle il entretint, à travers sa peinture, des rapports indissolubles, symbiotiques. Umberto Eco dit qu'«on ne peut vraiment comprendre Morandi qu'après avoir traversé les arcades et les rues de cette ville et compris comment une couleur rougeâtre, apparemment uniforme, peut caractériser de manière différente maison et maison, rue et rue»… De la peinture de l'artiste, on dit encore que ce doit être la présence magique de la lumière qui y produit le miracle de la transformation, comme si Morandi avait, caché au milieu de ses tubes de couleurs, un petit tube «lumière».

Guido Reni (1575-1642). Peintre influencé par Carrache, dont il fréquenta l'atelier.

San Petronio. Le saint protecteur de la ville.

Il Vecchione. Le 31 décembre, sur la piazza Maggiore, au dernier coup avant minuit, on brûle ce géant, sorte de grand pantin ou de grand paillasse symbolisant l'an achevé.

Les lieux caractéristiques

Cassero. Le donjon situé porta Saragozza, pratiquement au début du portique qui conduit à S. Luca, est aujourd'hui le siège de l'Arcigay national. On y propose des spectacles et manifestations ouverts à tous.

Il Circolo Pavese. Dans la rue animée du Pratello, ce cercle, aujourd'hui *osteria*, offre aussi des manifestations culturelles et artistiques. Ce cercle a été célèbre pour ses activités de cabaret et de théâtre mariant toujours l'art, la politique et l'humour. De nombreux acteurs et humoristes célèbres y débutèrent. Pasolini le fréquenta.

Fiera. Ce centre des foires et expositions, avec une superficie de 300 000 m^2, est le deuxième du pays après Milan et accueille tous les ans 23 manifestations internationales.

Montagnola. Le marché aux puces des vendredis et samedis, au pied et à l'entrée du jardin de la Montagnola. Un détour hebdomadaire obligé pour les jeunes et les moins jeunes.

Osteria. Depuis 1294, les *osterie* restent un des lieux préférés des Bolonais pour aller boire un verre entre amis ou se restaurer dans une ambiance chaleureuse.

Pratello. Quartier populaire, jeune, animé de nombreuses osterie, théâtres *off*, cabarets (le Pavese), cinémas d'essai, dans une rue piétonnière. L'été, lors de la fête très populaire du Pratello, les osterie dressent des tables dehors et il y a des stands, des artisans et des spectacles le jour et le soir.

LE TEMPS QU'IL FAIT,
LE TEMPS QUI PASSE

Les couleurs du temps

On peut visiter Bologne toute l'année, en tenant compte toutefois de certaines données. Incontestablement, l'été finissant, l'automne et le printemps vous permettront de découvrir une Bologne pittoresque,

Moyennes mensuelles des températures à Bologne (en °C)

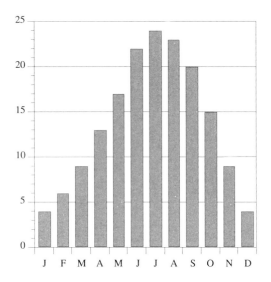

Nombre de jours de pluie par mois

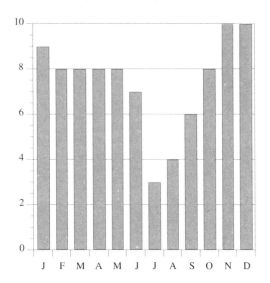

plaisante et colorée. L'arrière-saison exalte la beauté médiévale de la ville. Les mois de juillet et août, caniculaires, écrasent parfois la cité, qui perd alors un peu de ses belles couleurs. Le plein hiver, toujours humide, nappé d'un épais brouillard, subit les influences continentales qui font baisser la température de quelques degrés. Les lumières ocrées de la saison froide éclairent alors d'une aura subtile les créneaux des monuments drapés de brouillard. On s'attend à croiser les silhouettes furtives d'un Dante ou d'un Casanova.

Le calendrier des jours fériés

Attention ! « Jours fériés » se dit *festivi* en italien, tandis que *feriali* renvoie aux jours ouvrables.

1er janvier. Capodanno
6 janvier. Epifania
Vendredi saint.
Lundi de Pâques.
25 avril. Fête de la libération de 1945
1er mai.
15 août. Festa dell'Assunta, Ferragosto
4 octobre. Fête de la ville
1er novembre. Ognissanti
8 décembre. Immaculée Conception
25 et 26 décembre. Natale et Santo Stefano
Sont considérés comme semi-fériés les **14 août, 24 et 31 décembre.**

Le calendrier des fêtes et des festivals

Fêtes costumées, carnavals, jeux, commémorations de victoires célèbres ou à la gloire d'hommes illustres animent les rues et les places de Bologne. Ces fêtes à l'esprit populaire rappellent la grandeur de la cité médiévale.

En janvier

Il Vecchione. Pour dire adieu à l'an vieux et saluer l'an neuf, les Bolonais se réunissent depuis 1920 sur la piazza Maggiore le soir du 31 décembre. Ils y brûlent au douzième coup de minuit le Vecchione, grand pantin de chiffon bourré de pétards qui symbolise les événements sociaux ou politiques marquants de l'année. Tout au long de la soirée, la foule réunie sur la grand-place peut assister à des spectacles de variétés, souvent pimentés de boutades politiques. La coutume veut que les Bolonais apportent quelques bouteilles de *spumante* dans leurs poches, pour trinquer en bonne compagnie.

Fête de l'Epiphanie. Appelée la *befana* en Italie. Quelques jours après avoir vidé la hotte du Père Noël, les enfants italiens ont la joie de recevoir d'autres cadeaux et sucreries. La tradition veut que le jour de l'Epiphanie une vieille femme laide, la Befana, aux allures de sorcière mais en réalité pétrie de bonnes intentions, apporte aux enfants de nouveaux présents. Elle dépose ces cadeaux dans une chaussette que les enfants trouvent au pied de la cheminée ou sur le rebord de la fenêtre. D'après la légende, la Befana, fort occupée à ranger son logis, avait oublié de fêter Noël. Les enfants sages reçoivent des bonbons et autres cadeaux, tandis que les galopins sont censés trouver du charbon dans leur chaussette. Les pâtisseries représentent cette curieuse femme, tout comme les biscuits en forme de morceaux de charbon. Dans les baraques d'artisans sous les arcades, pendent de belles chaussettes brodées qu'on remplit traditionnellement de friandises.

De janvier à mai

Marché du jouet et des collectionneurs. Au palais des Congrès, dans le quartier des foires.

En février

Carnaval. Durant les dix jours qui précèdent Mardi gras, se tient la célébration du *carnevale nazionale dei bambini*. Les tout-petits se promènent déguisés dans les rues de la ville. Le carnaval a atteint son apogée au XIXe siècle avec des chars allégoriques et le célèbre défilé des Etrusques. Après l'interruption de la guerre, sa célébration reprit en 1953. C'est ainsi que naquit le carnaval national des enfants.

Marché du disque d'occasion et de collection. Au palais des Congrès, dans le quartier des foires.

En mars et avril

Marché de la BD d'occasion et de collection. Au palais des Congrès, dans le quartier des foires.

D'avril à juin

Bologna Musica Festival. En 1614, le moine A. Banchieri fonde l'Academia dei Floridi ; sa musique cultivée et populaire influencera la ville les siècles suivants. Le XVIIIe et le XIXe siècle proposeront de grands noms comme Rossini, Wagner, Respighi. L'influence de la culture germanique et la passion pour le mélodrame resteront vives. L'art lyrique réunit encore aujourd'hui un large public. La programmation du théâtre municipal, riche en opéras, symphonies et ballets, l'activité du conservatoire, des sociétés musicales et du Bologna Musica Festival pérennisent cette passion pour la musique classique. Fruit typique de cette passion : Ruggero Raimondi.

Au printemps (les dates varient selon les années)

Fête delle matricole. La fête des bizuts a toujours été en Italie, depuis 1888 et jusqu'à la fin des années 60, la manifestation estudiantine la plus importante et la plus courue car fort divertissante. On faisait bombance trois jours durant au milieu des parades de chars allégoriques. Une course de brouettes et de carrioles réjouissait les collines de San Michele in Bosco. Le quartier de l'université s'exaltait dans un état de liesse générale. Des spectacles humoristiques et des bals improvisés animaient les rues et les places de la ville. Les couplets des joyeuses et savoureuses chansons *goliardici* (estudiantines) encoquinaient les nobles façades des palais, tandis que coulaient des fleuves de vin et de bière. Les étudiants accouraient de tous les coins de l'Italie pour participer à la noce, revêtus de leurs atours : le manteau et le chapeau réglementaires.

Depuis quelques années, le printemps venu, on assiste dans les rues du centre à une timide tentative pour ressusciter cette fête.

En mai

Fête de la Madonna di San Luca. Elle est célébrée quarante jours après Pâques, avec une procession le samedi après-midi du porche de San Luca jusqu'à la cathédrale San Pietro, une bénédiction solennelle de la ville le mercredi après-midi et le retour au sanctuaire le jeudi de l'Ascension. Cette fête remonte à 1476, quand fut amenée pour la première fois en ville l'image de la Madonna, pour protéger Bologne des pluies qui tombaient sans interruption depuis trois mois. C'est une fête particulièrement spectaculaire. La participation chorale qui accompagne la procession exalte une dévotion qui n'a jamais disparu. Le cortège grossit régulièrement, escorté de prêtres, derrière l'image sacrée, tandis que des fenêtres pleuvent des fleurs qui sont autant de prières. Pendant les cinq jours où l'image séjourne dans la basilique S. Pietro, des guirlandes illuminent la via dell'Indipendenza et des étals s'alignent en double file le long de la via Altabella qui côtoie l'église. Une joyeuse foule déambule le long des étalages hétéroclites (de l'image pieuse au hache-légumes, le tout parfumé par les effluves de sucre caramélisé).

Fête de sainte Rita. Le 22 mai vous pourrez implorer sainte Rita dans la petite église de S. Cecilia, dans le quartier du conservatoire. A cette occasion, on y vend des roses.

Salon de l'érotisme. Il se tient au palais des Congrès. Il s'agit d'une grande manifestation plutôt populaire, avec des défilés, des variétés et des spectacles. Les différents stands vous tiendront au courant des dernières nouveautés en la matière…

En mai et juin

Fête des Addobbi. Les dimanches de mai et juin. Même si elle a perdu ses fastes de jadis, cette fête instituée au XVIᵉ siècle par le cardinal G. Paleotti se célèbre encore, à tour de rôle, par les églises et paroisses, qui s'embellissent d'ornements pour l'occasion.

En juin, juillet et août

Bologna Sogna («Bologne rêve»). C'est un des festivals les plus typiques de la ville, très attendu du public et qui plonge la cité dans une atmosphère de fête *non-stop* sous le ciel étoilé. Il s'agit d'un grand cycle de manifestations culturelles et populaires inauguré en 1987. Chaque été, notamment en juillet et août, les musées et les palais ouvrent leurs portes, la nuit, pour des visites guidées et des spectacles au clair de lune. C'est ainsi que dans la cour du musée Médiéval (portique du Pavaglione à côté de la piazza Maggiore), par exemple, on peut écouter de beaux concerts de musique classique. Les Bolonais savourent les heures les plus fraîches de la belle saison en allant d'un parc à l'autre, d'un cloître à un pavillon de toile, d'une villa somptueuse sur la colline à une maison squattée, pour assister à toute une série d'animations hétéroclites, de spectacles de cabaret avec les comédiens et humoristes célèbres de la région, de concerts de jazz ou de musiques ethniques. Dans les cours, les arènes (arènes Puccini, via Serglio), dans les anciennes prisons, dans les cours des asiles psychiatriques… Du théâtre, des spectacles de variétés, des films projetés en plein air… Beaucoup de ces manifestations sont gratuites. Les programmes et les lieux changent tous les ans. Le mieux est de vous en enquérir dès votre arrivée auprès de l'office du tourisme.

En été fleurissent un peu partout, dans les différents quartiers de la ville et dans les villages alentour, les célèbres festivals de *l'Unità* (communiste), de *l'Avanti* (socialiste) et de *l'Amicizia* (démocrate-chrétien). Ce sont des fêtes populaires en plein air où les sympathisants se distraient, dînent, dansent et participent à des débats culturels et politiques dans une atmosphère bon enfant. C'est également un des types de manifestations les plus caractéristiques. Toutes les générations s'y retrouvent. Vous pourrez y rencontrer des Bolonais «typiques» parlant et plaisantant en patois, dans une joyeuse ambiance cordiale et gourmande autour de grandes tablées animées. Tandis que certains dansent (fort bien) sur les airs de leur jeunesse, d'autres vont déguster des cocktails dans des bars plus branchés.

En septembre

Marché de la BD d'occasion et de collection. Au palais des Congrès, dans le quartier des foires.

En novembre

Fêtes des champignons et des truffes. Les villages des alentours organisent de nombreuses dégustations à l'occasion de la récolte des truffes.

En décembre

Fête de Santa Lucia. Le 13 décembre. La période des fêtes de Noël confère à la ville un cachet particulièrement joyeux et bariolé. La cité est pimpante sous ses illuminations et ses guirlandes. Sous les arcades de la Chiesa dei Servi et sous les portiques des rues du centre (Ugo Bassi), s'installent des étalages scintillants regorgeant de décorations d'arbres de Noël, de santons pour la crèche, de modestes jouets artisanaux qui semblent vouloir faire le pied de nez à la sophistication ludique d'aujourd'hui… comme pour réhabiliter la simplicité un peu oubliée de l'Avent. Au milieu des angelots, des sifflets et des automobiles en plastique, on peut humer les odeurs de barbes à papa, de biscuits croquants aux amandes et de guimauves. Dans les baraques en bois, vous pourrez aussi trouver des idées de petits cadeaux fabriqués par des artisans.

LES GENS, LEURS LIEUX

Les coordonnées entre parenthèses font référence au plan du centre ville.

Rendez-vous en ville

Même si, à Bologne comme ailleurs, le rythme de la vie moderne a quelque peu altéré la sociabilité proverbiale des autochtones, il subsiste des lieux (et des heures) privilégiés où vous pourrez aller musarder et jouir de la jovialité traditionnelle.

Un des lieux de rendez-vous *petroniano* est, par excellence, la piazza Maggiore, où se tenait encore en 1877 un marché florissant.

La piazza Maggiore (C3) est un parloir à ciel ouvert où les Bolonais, en particulier les retraités, aiment à se retrouver : on y gesticule et on y parle, dans un langage coloré et pas toujours chaste, de politique, de *calcio*, des femmes, des derniers événements, dans une atmosphère cordiale, avec éloquence, engouement plutôt qu'avec agressivité ; la discussion est ici un plaisir partagé. Des pigeons poursuivis par des ribambelles d'enfants picorent, indifférents, entre les jambes des orateurs.

Piazza del Nettuno (C3, contiguë à la précédente). Si un ami vous attend à Bologne, votre premier rendez-vous aura certainement lieu au pied de la statue du Nettuno. Vous aurez ainsi tout loisir d'apprécier les formes admirables du dieu sur l'une des plus belles places d'Italie. Le Neptune constitue en effet le lieu de rendez-vous obligé des amis ou des nouveaux venus qui ne connaissent pas encore les *locali*, en général peu visibles de l'extérieur. Méfiez-vous de ne pas arriver en retard : votre ami pourrait se trouver déjà en bonne compagnie…

A l'est de la piazza del Nettuno, vous flânerez sous le portique du Pavaglione en compagnie de la Bologne élégante. Vous y admirerez les fresques de **l'Archiginnasio**, premier siège de l'université et aujourd'hui bibliothèque communale. Enfin, vous pourrez vous aventurer sur les traces de Carducci dans la librairie Zanichelli-Feltrinelli. Le portique est fréquenté par une foule qui déambule lentement devant de très belles boutiques. Les conversations s'y interrompent pour saluer un ami, pour admirer une belle femme, et les vitrines décorées avec goût.

Vous pourrez ensuite vous promener dans la ville ou prendre un bol d'air au **Jardin Margherita** (D4/E4), derrière la porta Santo Stefano. C'est le lieu privilégié des joggers matinaux, surtout le week-end et à la belle saison. Dans l'après-midi, vers 15-16h, c'est au tour des familles de déferler joyeusement dans le plus grand parc de Bologne. Les enfants gambadent, les adolescents vous frôlent en patins à roulettes et les parents se promènent tranquillement en dégustant leur glace.

Le marché de la Piazzola (C1), piazza otto Agosto, est un autre lieu où vous pourrez vous mêler aux Bolonais en fin de semaine. Du côté du jardin, royaume des enfants, des amoureux sur les bancs publics et des vieilles gens qui lézardent au soleil, vous retrouverez l'ambiance des bonimenteurs, brocanteurs et marchands de bric-à-brac.

Vers 18h, en retournant dans le centre, vous risquez d'avoir du mal à vous frayer un chemin dans la plus grande rue de Bologne, la **via dell'Indipendenza** (C1/C2), tant l'habitude de la *passeggiata* est ancrée dans les mœurs. Il est étonnant de voir à quel point le dimanche, alors que Bologne est pratiquement déserte durant toute la journée, les rues s'animent soudainement à la tombée du jour en hiver et à la tombée de la chaleur en été. Vous pourrez, comme tout Bolonais qui se respecte, faire une halte au café Impero, via dell'Indipendenza ou au café Calderoni au n° 60 de la même rue (petits fours et tartelettes accompagneront votre café, sinon optez pour une flûte de *spumante* ou de *prosecco*).

Les osterie

Les Bolonais aiment veiller tard le soir. Aussi la ville regorge-t-elle de lieux de rencontre, de bars à vin où l'on bavarde devant un verre. Mais le lieu de rendez-vous le plus caractéristique reste l'*osteria*.

En 1294, Bologne, cité de passage obligé où régnait une grande affluence, pouvait s'enorgueillir d'environ cent cinquante osterie. Ce nombre considérable s'explique par la présence d'un énorme contingent d'étudiants attirés par la renommée de l'université et provenant de toute l'Europe. La fine fleur de la jeunesse européenne avait coutume de se réunir, autour d'une table, pour discuter tout en se régalant de mortadelle et de bon vin.

On ne se privait guère pour y entamer à gorge déployée le « Gaudeamus igitur » ou autres hymnes estudiantins, et même de s'y rebeller contre les autorités universitaires et cléricales. Les osterie invitaient les passants à entrer en accrochant à l'extérieur un rameau fleuri, éclairé d'une lanterne la nuit, et une enseigne décorée de symboles sacrés ou profanes illustrant les spécialités culinaires de la maison. Elles connurent leur apogée au XVIe siècle lors du couronnement de l'empereur Charles V quand une foule de princes, prélats et hommes illustres déferla sur Bologne de tous les coins d'Europe. Au XIXe siècle, avec le regain de prestige de l'université et le rôle prédominant de Bologne au sein de l'Italie unie, les osterie recommencent à s'animer. La tradition perdura, et Bologne compte aujourd'hui pas moins de deux cents osterie, œnothèques et bars à vin.

Vous voilà désormais conviés à une promenade dans les osterie les plus typiques, lieux point trop à la mode qui ont conservé leur cachet authentique et leurs habitués.

Les Bolonais se retrouvent là pratiquement tous les soirs ; ils passent d'une osteria à l'autre selon l'heure et le groupe d'amis qu'ils doivent rejoindre. Parfois, ils y viennent après le cinéma ou le théâtre, pour prendre un verre, jouer à un jeu de société, rassasier une ultime fringale ou tout simplement pour le plaisir d'être là.

On dit que les tables de bois possèdent une âme et qu'elles écoutent. Les vieilles tables ciselées de graffiti improvisés, les bavardages, les confidences, les amours, les regards perdus au fond d'un verre, constituent l'histoire parallèle des habitants de cette ville. Parfois, la guitare ou le piano vous tiendront compagnie, les amis toujours. L'osteria échappe au temps qui passe.

Osteria del Sole. 1 vicolo de'Ranocchi (C3). Service de 12h à 14h et de 18h à 21h. Fermé le dim. et en août. Une institution ! Certainement la plus vieille osteria de la ville (XVe siècle). Lieu pittoresque et clientèle hétérogène. Idéal pour boire un verre et manger un casse-croûte à base de spécialités locales (que vous aurez achetées dans les petites rues adjacentes du marché). Le propriétaire et les habitués sont des personnages hauts en couleur. Les années bissextiles, on peut visiter les immenses caves souterraines…

Osteria del Moretto. 5 via San Mamolo (C4, après la piazza di Porta San Mamolo). ☎ 580284. Service de 18h à 2h30. Fermé le dim. Osteria fréquentée l'après-midi par des personnes âgées qui jouent aux cartes, le soir par des intellectuels, des artistes et une

clientèle généralement jeune. Restauration froide également.
8 000-10 000 L.

Osteria del Brancaleone. 51/b via Santa Catarina (B4). ☎ 585111.
Service de 20h à 1h30. Fermé le lun. et en août. Dans une petite
rue du quartier Saragozza. Musique douce à la lueur des chandelles.

Osteria del Montesino. 74/b via del Pratello (A1). ☎ 533426. Service
de 12h à 15h et de 19h à 3h. Fermé le lun. Clientèle hétérogène,
affiches des années 70. Vous pourrez y boire un verre en dégustant
de bonnes spécialités sardes. Très fréquenté et donc souvent plein.

Osteria La Ribalta. 47/b via d'Azeglio (C3). ☎ 331101. Service de
12h à 14h30 et de 20h à 2h. Fermé le lun. et une semaine en août.
Ambiance plutôt raffinée. Les images de la vieille Bologne confè-
rent au lieu un certain charme.

Osteria Senzanome. 42/a via Senzanome (B3, parallèle et précé-
dant la via Nosadella). ☎ 331147. Service de 20h à 2h. Fermé le
lun. et en août. Les grandes tables, les boiseries et la lumière tamisée rendent cette osteria traditionnelle conviviale et chaleureuse.

Osteria Buca delle Campane. 4/a via Benedetto XIV (D2, entre la
via Zamboni et la via San Vitale). ☎ 220918, 230753. Service de
12h30 à 15h30 et de 19h30 à 4h. Fermé le dim. et du 26 juin au
6 septembre. Situé dans les caves d'une vieille maison. Très apprécié des étudiants.

Osteria dei Poeti. 1/b via dei Poeti (C3-D3). ☎ 236166. Service
de 19h30 à 2h30. Fermé le lun. et du 15 juillet au 15 août. Situé
dans les caves d'un palais du XVIIe siècle. Musique dès 20h. A partir de 20 000 L.

Osteria Broccaindosso. 7 via Broccaindosso (E3). ☎ 234153.
Fermé le lun. Atmosphère chaleureuse, décontractée, authentique.
Le patron, en bon connaisseur, vous proposera une carte des vins
bien fournie.

Vini d'Italia. 142 via Emilia Levante (à l'est de E3, dans le prolongement de la via Maggiore et de la via Mazzini). ☎ 541509. Fermé
le dim. C'est le moment de sortir votre calepin ! Vous trouverez
dans un cadre sans prétention un vaste assortiment de vins provenant de toute l'Italie. Vous pourrez éviter la griserie en goûtant des

spécialités de pâtes, assis autour de grandes tables de bois, dans une ambiance simple et chaleureuse.

Osteria dell'Infedele. 5/a via Gerusalemme, dans une ruelle qui part de la basilique S. Stefano (D3). ☎ 239456. Fermé le mar. Idéal pour demeurer encore quelques heures en état de péché… C'est une charmante petite osteria, où l'on vous accueillera très chaleureusement. On y joue aux cartes sous les affiches années 60 et les photos ornant les murs. Une cuisine respectueuse des lois écologiques vous régalera de son pâté de foie et de ses légumes. De petites tables en bois se côtoient, qui facilitent la conversation.

Osteria Becco di Legno. 7 via Palmieri (au nord-est de E2). ☎ 340943. Fermé le dim. Dans un cadre un peu suranné ayant conservé un charme populaire authentique, des compagnons de Bacchus aux joues rubicondes vous proposeront d'excellents vins rouges accompagnés de très bons *crostini*, de soufflés de pommes de terre, de crêpes. Atmosphère cordiale et décontractée, souvent réchauffée par la dégustation, autour de grandes tables de bois. L'été, à l'abri de la canicule, on bavarde et on savoure son vin dans le jardin.

Osteria da Mario. 139 via S. Felice (A2). Fermé le mer. Encore une de nos adresses préférées pour avoir une idée exacte de la tradition des osterie. Dans un cadre typique, une ambiance familiale maintenue par une clientèle d'habitués. D'excellents vins entretiendront votre bonne humeur ; pour les accompagner, goûtez la cuisine rustique à base de *pasta e fagioli*, de charcuterie et de fromages. Souvent, sur le comptoir, des gâteaux faits maison typiques de la région.

Osteria Faccioli Olindo. 15/b via Altabella (C2, entre la via dell'Indipendenza et la via Oberdan). ☎ 223171. Ce local a su préserver une ambiance typique. Vous siroterez votre verre tout en admirant la verrière. La charcuterie n'est pas de reste.

Osteria la Traviata. 5/c via Urbana (C3). ☎ 331298. Fermé le dim. Une osteria classique et élégante sous une voûte. Beau décor de colonnes avec chapiteaux et parquet en bois. Si vous y dînez, profitez-en pour déguster champignons (*porcini*) et truffes (*tartufo*).

Scaccomatto. 63 via Broccaindosso (E3). ☎ 263404. Fermé le mar. Vous avez envie d'une halte insolite, de défier votre destin, de deviner les pensées de votre compagne ? Alors rendez-vous dans cette osteria très coquette, dont le nom signifie «échec et mat» et qui vous proposera une cuisine soignée servie avec amour sur fond ésotérique. Accueil chaleureux. Regardez les murs recouverts de cartes, jeux de l'oie, tarots bolonais et autres diableries pour connaître l'avenir…

Passions locales

Le football
Bologne est une ville assez sportive et, comme toutes les villes italiennes, elle entretient une équipe de football, qui joue dans le grand stade de la via Andrea Costa restauré tout récemment. Les jours fastes, les cris des supporters retentissent jusqu'aux arcades qui conduisent à l'église de Santa Luca, plusieurs centaines de mètres plus loin. Pourtant, Bologne se distingue surtout pour son équipe de basket-ball, championne d'Italie. Les fans viennent applaudir les joueurs au palazzo dello Sport du centre ville (5 500 places) ou à celui de Casalecchio pour les grandes occasions (11 000 places), dans la proche périphérie de la ville.

Les courses
L'autre passion des Bolonais est l'hippodrome, que l'on trouve derrière la gare, à l'Arcoveggio. Les courses ont lieu le jeu., le sam. et le dim. après-midi. Contrairement à la tendance générale, l'hippodrome de Bologne se porte franchement bien. Il doit en effet sa notoriété aux chevaux de race qui foulent ses pistes, bien sûr, mais aussi au goût très prononcé des parieurs pour le jeu…

Les cartes
Plus calmes d'apparence mais tout aussi fervents, les joueurs de cartes disputent des parties de tarot 800 ou de jeux locaux tels la *briscola*, les trois-sept, le *sbarazino* ou la *ciapano*. Pour ces jeux romagnols, on utilise des cartes (*piacentine*) réalisées dans la ville toute proche de Piacenza. Après, tout est question de nuances subtiles, qui risquent d'échapper au néophyte. Même si les joueurs restent volontiers chez eux, on les trouve parfois à l'osteria **La Tigre**, 5 via Orfeo, ou dans d'autres *locali*, au hasard des soirées. Il y a aussi des

cercles plus spécialisés, tel le cercle des joueurs de bridge qui se trouve via San Vitale. Les sportifs et leurs supporters fréquentent le restaurant **Alla Grada** (6 via della Grada. ☎ 523323, 520460. Fermé le lun., le mar. midi et en août. Service de 12h30 à 14h et de 19h30 à 23h30). Les propriétaires savent que leurs clients apprécient leur cuisine et respectent donc la tradition tout en faisant preuve de créativité. Comptez 35 000-50 000 L. Vous pourrez également écouter des commentaires sur l'actualité sportive au bar **Otello,** 13 via Orefici, à coté de la piazza Maggiore.

Sortir, se divertir

Théâtre

L'un des lieux les plus prisés de la ville est sans aucun doute le **Teatro Comunale** (piazza Rossini), réservé aux spectacles lyriques. Toujours de très bonne qualité, la programmation offre une dizaine d'opéras par an, à des prix cependant assez élevés pour les non-abonnés. Si vous décidez à l'impromptu de vous rendre au Teatro Comunale le lendemain, il vous faudra faire la queue à 6h, 9h, 12h ou 15h : vous aurez alors bien mérité une soirée délicieuse dans le cadre exceptionnel de ce théâtre à l'italienne du XVIIIe siècle.

Vous pouvez aussi choisir un spectacle en prose plus classique au **Teatro Duse** (via Cartoleria), qui offre dans un théâtre aux formes rondes des années 50 une sélection de pièces de qualité pour un public bourgeois de connaisseurs. En plein centre, l'**Arena del Sole** (via dell'Indipendenza) présente une programmation remarquable de prose, danse et musique, dans un superbe complexe rouvert en février 1996 qui comprend deux salles de spectacles et un ensemble de bars et librairies dignes d'un grand théâtre européen. Destiné à un public exigeant et curieux, les productions ont jusqu'à présent rencontré un succès éclatant. Gérée par une coopérative ouverte et dynamique, l'Arena del Sole offre l'exemple d'une collaboration réussie d'une société privée avec les pouvoirs publics, particulièrement attentifs à la culture en Emilie-Romagne. Autre théâtre digne d'intérêt, le **San Leonardo** (via San Vitale), ancienne église désaffectée, où on trouve des spectacles de recherche. Via del Pratello, dans la veine du théâtre *off*, le **Teatro di Vita** offre un programme original.

Cinéma

Les Bolonais fréquentent également assidûment le cinéma. « Cette terre aux saisons longues et froides favorise les récits de la veillée… Le vieux raconte des histoires, quelqu'un joue la comédie en récitant. C'est une invitation au récit et aux chansons… C'est un spectacle merveilleux qui trouve ici une de ses vraies patries. » (Federico Fellini). Comment ne pas rendre hommage au grand maître de la *Dolce Vita* pour célébrer cette escale au cœur du cinéma émilio-romagnol, noces intimes du merveilleux et du populaire, de l'amour des tréteaux et de la soif de vivre ? Coup de chapeau donc à cette terre, berceau fécond de cinéastes célèbres dans le monde entier, qui ont dirigé amoureusement leur caméra sur leur terre natale, de la Ferrare de M. Antonioni à la Rimini de F. Fellini, de la Parme de B. Bertolucci à la Bologne de Pupi Avati et de Renzo Renzi, en passant par la « basse » de C. Zavattini. C'est encore à Bologne que naît et étudie Pier Paolo Pasolini… Des noms de lieux et de paysages s'entremêlent dans une histoire d'images et de souvenirs qui témoignent d'une réalité peut-être unique dans le panorama italien. Une véritable passion pour le grand écran fait frissonner Bologne, et le cinéma le lui rend bien. Le **cinéma Lumière**, rue Pietralata, dans le quartier du Pratello, est le temple du cinéma d'essai. Il propose toute l'année une excellente programmation de films nationaux et étrangers. Un autre cinéma d'essai, le **Roma**, offre également d'excellents programmes ; il se trouve 4 via Fondazza, à coté de la strada Maggiore.

Musique

Le jazz de renommée nationale et internationale est une tradition de longue date à Bologne. Deux adresses sont particulièrement à retenir pour les mordus de jazz :
Cantina Bentivoglio. 4/b via Mascarella. ☎ 265416. Fermé le lun. et du 9 au 18 août. Service de 19h30 à 2h. Œnothèque. Dans

cette cave de l'ancien palais Bentivoglio, vous pourrez, à partir de 21h30, écouter d'excellentes formations (de septembre à mai), tout en buvant un verre ou en dînant : décor de style Liberty, accueil chaleureux, clientèle universitaire. Restauration traditionnelle : *crostini, pasta e fagioli con maltagliati, zuppe*. Bonne carte des vins. 25 000-40 000 L sans le service.

Osteria dell'Orsa. 1/f via Mentana. ☎ 231576. Service de 20h à 2h. Fermé le dim. Les étrangers et les étudiants s'y retrouvent autour de grandes tables. Ambiance chaleureuse et accueillante.

Concerts de jazz

Le quartier étudiant, autour de la via Zamboni et de la via delle Belle Arti, est extraordinairement vivant le soir, et ce jusqu'à une heure avancée de la nuit. Les petites ruelles médiévales voient ainsi défiler un public jeune et rieur. L'autre quartier où les gens sortent très volontiers se situe au bout de la via Ugo Bassi, tout le long de la via del Pratello. Récemment restauré, ce quartier compte parmi les plus beaux de la ville : on flâne le long de la rue, on s'arrête pour boire un verre dans la première *cantina*, puis on grignote deux tartines en guise de hors-d'œuvre avant de se sustenter d'un plat de pâtes dans l'osteria voisine (le Due Porte) ou écouter de la musique au **Circolo Pavese**... On peut commencer la soirée chez Sauro, qui tient la chaleureuse **Drogheria**, via San Petronio Vecchio, et qui offre une large carte de vins locaux et étrangers. Parfois, on pourra même y rencontrer quelque vendeur-amateur de truffes de la région, qui vous fera partager sa passion. On y trouve aussi des artistes qui se produisent en ville ou quelque intellectuel qui commente les dernières nouvelles. Ensuite, rendez-vous au **Caffe dei Commercianti**, strada Maggiore, qui vous accueille pour grignoter un morceau avant le spectacle ou le concert, qui ne commence jamais avant 21h. Dans ce cadre de style Liberty, se réunit l'intelligentsia universitaire, à commencer par Umberto Eco.

Voici les autres bars très courus :

Zelig. 91 via Portanova. Style années 80. Fermé le dim. On peut y dîner.

Praga Café. 122 via Toscana (☎ 471957). Fermé le lun. Moderne et élégant, cuisine inventive (et végétarienne), bonne carte de vins. Formations musicales (jazz, etc.).

Circolo Picwick. 77 via S. Felice. On peut y déguster une bonne *grappa*. Fermé le dim.

Dans la même rue, au n° 9, l'**Œnothèque des Arts** est un bar à vins très accueillant.

Dans le quartier du ghetto, 3 piazza San Martino, le **Golem,** nouveau bar, soigne son esthétique. Dans une ambiance douce et accueillante, vous pourrez y siroter un cocktail ou manger une salade. Manifestations artistiques au menu : expositions, musique, théâtre.

Pour parer à toute monotonie, on fréquente aussi les lieux dits « alternatifs », comme le **Link**, 14 via Fioravanti, le **Casalone**, 149 via San Donato, et le **Candilejas**, 20 via Bentini.

L'été, dans les parcs, les cloîtres, sur les places et dans les cours des palais anciens, cinéma, discothèque, festivals de musique ou de théâtre, mime, danse, jazz : **Made in Bo**, Parc Nord, via Stalingrado, et **Arena Puccini**, 25 via Serlio, etc.

Les enfants ne sont pas en reste. En effet, le dim., sur la piazza Maggiore, un théâtre de marionnettes leur fera connaître les aventures rocambolesques de Sganapino et Fagiolino, personnages irrésistibles qui enthousiasmeront aussi les grands.

Galeries d'art

Bologne regorge d'activités culturelles, et vous n'aurez que l'embarras du choix pour trouver un concert ou une pièce de théâtre à votre goût. Commencez votre soirée très tôt en vous rendant dans un des lieux les plus en vogue, la **galerie de'Foscherari**, 1 via Goidanich (☎ 221308), fréquentée par les artistes bolonais et de passage. De là, on émigre parfois dans les ateliers d'artistes des ruelles voisines.

Les journaux

Vous trouverez les programmes des différentes manifestations culturelles et artistiques dans les journaux suivants à la rubrique « culture locale ».

Il Resto del Carlino est le journal le plus important.

La Repubblica propose d'excellents services culturels.

L'Unità : pour les programmes culturels, consultez le supplément **Mattino**.

Mongolfiera est en quelque sorte l'agenda culturel hebdomadaire de Bologne et de ses environs.

Monuments, musées, parcs et jardins

Les coordonnées entre parenthèses font référence au plan du centre ville.

Si vous disposez de peu de temps, allez voir la piazza Maggiore et ses palais, la basilique S. Petronio, les Deux Tours, l'ensemble des églises S. Stefano, la pinacothèque et le musée Morandi, indispensables à qui veut percevoir la réalité de cette ville.

Bologne se visite de place en place. Commencez par la diva : la piazza Maggiore, centre historique et sentimental de la cité.

La piazza Maggiore (C3)

Au cœur du centre ville, c'est l'une des plus belles places d'Italie. *Andare in piazza* est l'expression qu'utilisent encore aujourd'hui les Bolonais pour se donner rendez-vous sur la piazza Maggiore. La « Plata Maior » prit forme dès le XIIIe siècle avec l'acquisition par la commune de propriétés privées, la démolition des vieilles baraques du haut Moyen Age et la construction d'édifices prestigieux. La place devint le symbole du nouveau pouvoir politique, religieux et économique. Dans ce grand théâtre à ciel ouvert se rencontraient les papes et les empereurs. Encore au XVe siècle, les marchands venaient y installer leurs étals colorés ; le jour de marché était une véritable fête : des saltimbanques, des bonimenteurs et des ménestrels animaient la place.

Face à la basilique S. Petronio, le palais du Podestat oppose le pouvoir civil au pouvoir religieux. A gauche le palais Communal et à droite le palais des Notaires ferment majestueusement cet ensemble, que rythment avec force arcades, fenêtres et créneaux.

La basilique San Petronio. Sur la piazza Maggiore, ouv. 7h30-18h30 l'été, 7h30-17h l'hiver. Symbolisait la liberté communale retrouvée. « Désirant perpétuer avec l'aide de Dieu l'état démocratique et de splendide liberté de cette glorieuse cité de Bologne pour qu'il nous soit épargné ainsi qu'à nos enfants le joug condamnable du servage... afin que San Petronio, protecteur et défenseur de ce

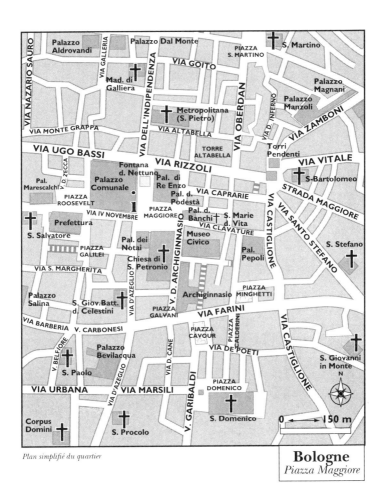

Plan simplifié du quartier

Bologne
Piazza Maggiore

III

peuple et de cette ville, intercède en notre faveur pour la protection, la défense, le maintien et la perpétuation de la liberté et de la démocratie.» La commune de Bologne décréta en ces termes la construction de la basilique, dont la première pierre fut posée en 1390. Commencée d'après un projet d'A. Vincenzo, elle fut terminée en 1659, en style gothique. Malgré ces deux siècles de chantier, le plan reste fidèle au projet du premier architecte, qui avait voulu, avec cette vaste construction, donner à Bologne la suprématie sur les autres villes italiennes. Bien qu'inachevée, la basilique conserve une unité que rien n'altère. Le revêtement de marbre de la façade s'est arrêté à la partie inférieure, créant un effet d'«inachevé» fascinant. Le portail central, la porta Magna, chef-d'œuvre de Iacopo della Quercia (1425), est orné de scènes de l'Ancien Testament. Dans la lunette se niche une merveilleuse *Vierge à l'Enfant* trônant entre S. Ambrogio et S. Petronio. Les portes latérales sont dues à Tribolo (XVIᵉ siècle). On est frappé par l'abstraction des figures de cette sculpture et par une volonté de sobriété singulière pour l'époque. L'intérieur surprend et fascine le visiteur par sa perfection, sa grandeur, et par la lumière exceptionnelle, le contraste du blanc et du rouge, les couleurs héraldiques de la commune, sa légèreté. On dit que c'est la plus grande des églises pinacothèques. En effet, de chaudes et lumineuses nefs abritent au sein de leurs 22 chapelles un véritable musée : à droite, la première chapelle, la plus ancienne, où fut d'ailleurs célébrée la première messe en 1392, conserve des fresques de G. da Modena ; on peut voir des peintures de G. Francia (première et quatrième chapelles), une décoration baroque riche et fastueuse (deuxième chapelle), le *Saint Jérome* de L. Costa (septième chapelle), les vitraux de M. de Matteo, les stalles en marqueterie de R. da Brescia (huitième chapelle), les orgues remarquables et bien d'autres œuvres. La chapelle Bolognini (1400), avec sa décoration d'origine, constitue un des joyaux du sanctuaire. Enfin, entre la troisième chapelle et la porte d'entrée, admirez la fameuse méridienne tracée sur le pavé par Cassini (1655), «qui servira de règle aux astronomes à venir pour mesurer l'obliquité de l'écliptique».

Le palais du Podestat. Sur la piazza Maggiore, se visite seulement à l'occasion d'expositions. Le « Palatium Vetus » date du XIIIe siècle. Le rez-de-chaussée comporte des arcades séparées par des colonnes corinthiennes. Le palais, remanié au XVe siècle par l'architecte bolonais A. Fioravanti dans le style Renaissance, est surmonté de la tour de l'Arengo (datant de 1212). Les neuf arcades du portique multiplient les possibilités de traverser le parvis, conçu comme un espace à vocation publique, et restituent une parcelle de la cité à l'homme de la rue. Dans la salle du Conseil, on peut voir des fresques d'A. de Carolis (XXe siècle).

Le palais des Notaires. Sur la piazza Maggiore, date de 1287. Il était, comme son nom l'indique, le siège de la Société des notaires. Ses agrandissements successifs témoignent de la montée des corporations des 27 arts. L'architecte Fioravanti exploita le thème néo-médiéval des fenêtres géminées ornées de frises en terre cuite et le couronnement crénelé.

Le palais Communal. Ou palais d'Accursio, sur la piazza Maggiore. La partie la plus dépouillée de l'édifice (datant de 1287), l'ancien palais du glossateur Accursio (1260), présente des arcades aux lignes déjà gothiques, tandis que l'ancienne tour a pris son aspect actuel dès 1444. Le porche monumental en grès, dessiné par G. Alessi, est flanqué à droite d'une aile gothique (Fioravanti). Le portail, surmonté d'une statue en bronze (1580), représente le pape bolonais Grégoire XIII, réformateur du calendrier. On notera plus haut, à gauche, la qualité plastique de la *Vierge de la piazza* de Nicolò dell'Arca, exécutée en terre cuite. La cour intérieure pourvue de trois galeries est bordée par un portique ; l'escalier est attribué à Bramante. Au 2e étage se trouvent les collections communales (visites de 10h à 18h, fermé le lun., à Noël et le 1er janvier) : peintures de l'école bolonaise (XIVe-XVIe siècles), verreries, majoliques, argenteries, miniatures (XVIIIe-XIXe siècles). Œuvres de F. Francia, S. dei Crocifissi, L. Carrache, Tintoret.

Le palais des Comptoirs. Ou Palazzo di Banchi, sur la piazza Maggiore. Il doit son nom aux boutiques des banquiers qui se trouvaient sous le portique du Pavaglione et date de 1412. Vignola fut chargé de masquer les échoppes et baraques médiévales, pour ennoblir la place tout en respectant le passage entre la place et les ruelles animées (Clavature et Pescherie Vecchie). Barozzi résolut ce problème grâce à de prestigieuses «coulisses théâtrales» : la façade à deux étages s'articule sur quinze arcades ; le rez-de-chaussée est occupé par un long portique rythmé par des lésènes corinthiennes et entrecoupé par deux grands arcs communiquant avec les rues du marché. Le portique appelé Pavaglione tire son nom des «pavillons», ou tentes, installés sur la place pour protéger le marché des cocons de vers à soie. Il est aujourd'hui très couru par la jeunesse dorée, qui se retrouve au café Zanarini. Ne manquez pas de tourner à gauche dans la rue Clavature, où l'église Santa Maria della Vita, située au n° 10, vous dévoilera une singulière et magnifique œuvre d'art : la chapelle à droite du maître-autel conserve la célèbre Pietà en terre cuite modelée grandeur nature par N. dell'Arca en 1463. La violence et l'expressivité des figures en font un des chefs-d'œuvre les plus originaux du XVe siècle italien. C'est sous ces arcades que se trouve l'Archiginnasio, premier siège centralisé de l'université bolonaise ; il fut réalisé par le vice-légat Pier Donato Cesi, pendant la légation de C. Borromeo en 1561, afin de réunir en un même lieu les *fronde sparte* («rameaux dispersés»). L'édifice projeté par A. Morandi, le Terribilia, présente une série de rythmes horizontaux avec une façade traditionnelle à arcades. Les armoiries du pape surmontent la porte d'entrée. Les sculptures représentent les sciences et les arts libéraux. Deux grands escaliers vous conduiront aux salons magnifiques que sont l'actuelle Stabat Mater et l'Aula Magna, aujourd'hui bibliothèque communale. Ne manquez pas de visiter le très beau théâtre anatomique (XVIIe siècle).

La piazza del Nettuno (Neptune) (C3)

La fontaine de Neptune (1566). Sur la place du même nom, est contiguë à la piazza Maggiore, qui fut ouverte au XVIe siècle sur indication du pape Giulio II comme affirmation du nouveau pouvoir pontifical. La fontaine doit sa statue en bronze du dieu de la mer au sculpteur flamand Jean Boulogne de Douai, dit Giambologna. On y retrouve la puissance de son maître Michel-Ange. Le dessin de la base de la fontaine est du peintre T. Lauretti. Pour la petite histoire, sachez que le corps nu du dieu marin, estimé porteur d'une trop grande charge érotique, fut à l'époque baroque recouvert de chausses car il troublait l'âme des bonnes dames bolonaises. Le modèle s'inspire de la figure de l'homme en mouvement et suggère à l'observateur de tourner autour du dieu pour en saisir toute la complexité.

Le palais du roi Enzo. Donnant sur la piazza del Nettuno. La construction du Palatium Novum date de 1244. Le roi Enzo, fils de Frédéric II, battu et fait prisonnier par les Bolonais (bataille de Fossalta, 1249), y fut incarcéré jusqu'à sa mort en 1272. Dans sa prison dorée, il écrivait d'admirables poésies et recevait, dit-on, les filles de la noblesse bolonaise. Au XXe siècle, on restitua l'aspect médiéval des lieux grâce à un couronnement crénelé, à deux fenêtres trilobées et à l'ouverture de la cour primitive.

Les Deux Tours. A côté de la piazza Maggiore, au bout de la via Rizzoli (D3), se visitent de 9h à 17h l'hiver et de 9h à 18h l'été. La via Rizzoli débouche sur la piazza Porta Ravegnana. La place sert de décor au symbole par excellence de Bologne : les Deux Tours. Vouées autrefois à un rôle principalement militaire pour la ville et la campagne environnante (elles recevaient et envoyaient des signaux lumineux en cas de danger), elles communiquaient avec les demeures et les faisaient communiquer entre elles par l'intermédiaire de passages aériens.

La tour des Asinelli. Probablement érigée entre 1109 et 1119, culmine à 98 m ; son sommet se termine par une tourelle ornée de merlons guelfes. En 1488, la base s'entoura d'une petite forteresse pour le corps de garde et servit également de prison provisoire pour les perturbateurs nocturnes de l'ordre public. On y entre par une porte qui donne sur la strada Maggiore et, après avoir gravi 498 marches, on atteint le sommet, d'où l'on jouit d'une vue extraordinaire sur toute la région. Le paysage se déploie jusqu'aux Alpes et on aperçoit parfois, dit-on, le miroitement de l'Adriatique.

La Garisenda. Ne se visite pas. Haute de 47 m, date aussi du XIIe siècle. Son inclinaison caractéristique est due à un affaissement du terrain. Dante Alighieri l'a évoquée avec une vraisemblance frappante dans *L'Enfer*. Le visiteur peut à son tour éprouver les mêmes sensations que le poète : lorsqu'un nuage passe devant la tour et que l'on regarde celle-ci d'en bas, il semble que ce soit la Garisenda elle-même qui se déplace.

Au pied des Deux Tours, tournant le dos à la grand place, jetez un coup d'œil à droite. Vous apercevrez la fort gracieuse **piazza delle Mercanzia** et son palais dont le revêtement en briques rouges exalte les éléments décoratifs en pierre blanche : balcon surmonté d'un baldaquin à clocheton, fenêtres géminées, frise des blasons corporatifs courant à la base des créneaux et superbes statues en calcaire dans les niches (XIVe siècle).

La basilique Santo Stefano (D3)

> Sur la place du même nom, ouv. lun.-sam. 9h-12h, 15h30-18h, dim. et fêtes 9h-13h, 15h30-18h30.

Ses origines remontent à 392, quand on découvre les reliques des saints martyrs Vitale et Agricola dans un ancien cimetière juif. Cinquante ans plus tard S. Petronio fait construire à côté de ce sanctuaire primitif une réplique du Saint-Sépulcre de Jérusalem. Les Lombards s'emparent de la ville en 727 et érigent le sanctuaire en centre religieux principal. Charlemagne le visitera. A la fin du Xe siècle, les bénédictins s'y installent et l'agrandissent. La basilique devient un enchevêtrement d'églises, de cours, de chapelles. C'est un ensemble de sept églises : à gauche, l'église de S. Vitale et Agricola, puis celle de S. Sepolcro et celle du Crocifisso. L'église du Crucifix date du XIe siècle. A l'intérieur, le chœur surélevé sur une crypte a été remanié au XVIIe siècle. On notera une Pietà très expressive de G. Piò (XVIIIe siècle). Dans la crypte, partie primitive du complexe, une colonne est censée avoir la taille du Christ. De là, on passe à gauche dans l'église du Saint-Sépulcre ou du Calvaire (XIIe siècle), rotonde dont la coupole dodécagonale, portée par des colonnes antiques auxquelles ont été ajoutées des colonnes en briques, est décorée de terres cuites polychromes. Sous l'autel repose S. Petronio. Un passage conduit ensuite à l'église S. Vitale et Agricola. Basilique construite au Ve siècle, reconstruite au XIe siècle, souvent restaurée, elle a gardé son mystère en raison de sa rudesse, de l'hétérogénéité de son style et de la pénombre produite par ses fenêtres en albâtre. L'intérieur présente un plan basilical à trois absides. Les autels des absidioles sont constituées des sarcophages de S. Vitale et de S. Agricola. On revient à l'église du Calvaire pour accéder à la cour de Pilate (XIe siècle). Le bas-relief central en marbre serait celui où Pilate s'est lavé les mains. Au fond de la cour, on visite l'église de la Trinité (XIIIe siècle). A droite, on passe dans le cloître roman (XIe-XIIe siècle), à double galerie, sur lequel donne l'entrée d'un petit musée (ouv. 9h30-12h, 15h30-17h30) : vous pourrez y voir des tableaux de l'école bolonaise du XIVe au XVIIe siècle (Simone dei Crocifissi, Lippo di Dalmasio, G. di Balduccio), des reliquaires (S. Petronio). La piazza S. Stefano, flanquée de superbes palais est une des plus remarquables de la ville.

La pinacothèque nationale (D2–E2)

Même si le loisir de séjourner longtemps à Bologne vous manque, vous devez absolument vous rendre à la pinacothèque nationale, 56 via Belle Arti, dans le quartier universitaire, à deux pas de la via Irnerio, ouv. 9h-14h, dim. et jours de fête 9h-13h, fermée lun.

C'est l'une des plus importantes d'Europe. Le musée met surtout en valeur l'école bolonaise du XIVe au XVIIIe siècle. Une des caractéristiques des peintres rassemblés sous ce nom, entre le Moyen Age et la Renaissance, se situe dans leur volonté de trouver l'expression de la vie dans une sorte de réalisme anecdotique et parfois violent. On note l'influence de la miniature française dans des œuvres dont on goûte volontiers aujourd'hui la saveur populaire. Parmi ces peintres, citons quelques noms : Vitale da Bologna, Lippo di Dalmasio, Simone dei Crocifissi, Iacopo di Avanzi, Iacopino di Francesco. Au XVe siècle, la peinture bolonaise, influencée par celle de Ferrare et par la peinture toscane, connaît une période florissante : Ercole de'Roberti, Francesco del Cossa, Lorenzo Costa et Francesco Raibolini di Francia. Les églises qu'ils décorent rendent hommage à leur talent. Au XVIᵉ siècle, Pellegrino Tibaldi (avec Nicolò dell'Abate) orne de fresques le palais Poggi, siège de l'actuelle université. Au XVIᵉ siècle, les Carrache dominent un art en évolution et influent sur des artistes comme G. Reni, le Guerchin, Spada, etc. (La pinacothèque regorge de chefs-d'œuvre : nous nous bornerons à indiquer ici les éléments les plus éloquents pour une visite rapide, mais il serait vraiment dommage de bâcler la visite.) *Salle I :* section des primitifs du XVIᵉ siècle (Vitale da Bologna). *Salle II :* œuvres des XIIIᵉ et XIVᵉ siècles, écoles toscane, ombrienne et vénitienne (Giotto). *Salle III :* peintures du XVᵉ siècle, salon des crucifix. *Salles V et VI :* fresques des XIVᵉ et XVᵉ siècles. Trois salles illustrent l'art de la Renaissance (Sainte Cécile de Raphael, etc.). La salle des maniéristes émiliens (XVIᵉ siècle). La section baroque et le XVIIIᵉ siècle : salle des Carrache et salle G. Reni. A ne pas manquer non plus : la salle des Crespi. Cabinet des retables. Salon de Nicolò dell'Abate. Cabinet des dessins et des estampes.

Le musée Giorgio Morandi (C3)

Mérite absolument une visite si on veut tenter de prendre le pouls de cette ville. Il est situé dans le palais Communal, ou palais d'Accursio, 6 piazza Maggiore, ouv. mar.-dim. 10h-18h, 5 000 L (tarif réduit 2 500 L, 20 % de réduction aux groupes et sur présentation de son billet de train).

Depuis sa création, on dit que ce musée représente le cœur de la ville, tant les liens entre le peintre et sa cité étaient et demeurent intenses : Morandi et Bologne, c'est une véritable histoire d'amour. Les Bolonais disent d'ailleurs «notre» Morandi. Il vous sera donné d'apercevoir Bologne et son architecture dans le style rigoureusement géométrique mais souple de l'artiste, dans les couleurs, les clairs-obscurs et la poétique de l'œuvre.
Morandi a laissé un portrait précis, intense, de sa ville, sachant cueillir l'essence d'un lieu ou d'un moment. Il les a fixés dans les

accords infinis de la lumière et de l'ombre, sur des volumes bien définis et dans des nuances chromatiques évolutives et variables (voir *Les mots de la ville*, p. 88).

LES PARCS ET JARDINS

Les coordonnées entre parenthèses font référence au plan du centre ville.

De tout temps, les collines, la frange boisée du nord, les parcs naturels le long du Savena et du Reno, les parcs urbains, ont formé un riche patrimoine. Les jardins-vergers du Moyen Age naissent à l'abri des murailles, dans les cloîtres des couvents, dans les cours seigneuriales et dans les quartiers populaires. A la Renaissance, les jardins et les parcs embellissent les cours des palais, tandis que dans les bourgs on cultive des potagers dans les humbles maisons des artisans. Au XIXe siècle apparaissent les parcs et les jardins véritablement publics, à l'esthétique romantique. On en dénombre plus d'une quarantaine à Bologne et alentour, parmi lesquels :

Les jardins Margherita. 26 ha entre les rues Castiglione et Murri (D4-E4), avec leurs amples allées ombragées, contiennent un beau bois de chênes et un petit lac romantique. C'est le lieu de promenade préféré des Bolonais. Bar, glacier, discothèque l'été. Bus n°s 13, 17, 50, 96, 98, 32, 33, 38, 39.

Le parc Melloni. Couvre 0,7 ha, via Breventanni, zone Saragozza (A4). C'est un calme jardin de villa orné d'un beau séquoia. Torrent souterrain. Bus n°s 14, 20, 21, 37, 89, 94, 38.

Le Monte Paderno. 27 ha, à 4,5 km de la porte S. Mamolo, à 359 m d'altitude, s'étend dans un très beau paysage de forêts et de calanques. On peut s'y rendre en voiture, en empruntant les rues S. Mamolo, dei Colli et delle Lastre, ou en bus n° 52B.

La Montagnola (C1-D1). 6 ha, dans le quartier de la gare, près des rues Galliera et dell'Indipendenza, à proximité du quartier universitaire. C'est le parc le plus ancien de la ville. Un escalier monumental (XIXe siècle) vous conduira sous de beaux platanes, tilleuls et marronniers d'Inde. Tout à fait accessible à pied de par sa position centrale. Bus nᵒˢ 20, 36, 37, 89, 93, 94.

Le Forte Bandiera. 16 ha, près du Monte Donato, est couvert de prés, d'arbres fruitiers, de haies et de bois. En voiture, on y accède à partir de la porte S. Stefano par les rues Siepelunga et Monte Donato, de la porte Castiglione par les rues degli Scalini et Barbiano, ou en bus nᵒ 51 à Monte Donato.

Le parc des Cedri. 11 ha, est un beau parc aménagé pour des activités sportives, à proximité de San Lazzaro. Bus nᵒˢ 45, 94, 27B.

Le parc Cavaioni. 38 ha, dans le quartier S. Stefano, est très fréquenté en été par les Bolonais, qui y trouvent une oasis de fraîcheur en pleine canicule. Agrémenté d'un petit lac et couvert de larges prés, il accueille des animaux. Durant le festival, l'été, spectacles, discothèque et restauration.

La villa Mazzacorati. 3,6 ha, via Toscana. Devant cette belle villa du XVIIIᵉ siècle, vous pourrez admirer des pelouses de roses anciennes, respirer le parfum des orangers, vous rafraîchir près des fontaines. Serre d'orchidées. Théâtre. Manifestations culturelles. Bus nᵒˢ 13, 17, 34, 96.

Les jardins Cavour et Minghetti (C3). Donnent sur la via Farini. Leurs arbres imposants et leurs pelouses fleuries dessinent une oasis dans le trafic du centre. Bus nᵒˢ 16, 17, 20, 30, 38, 39, 51, 52, 96, 98.

La villa Ghigi (C4). 30 ha, après la porte S. Mamolo, est accessible à pied. C'est incontestablement l'un des plus beaux échantillons de la colline bolonaise. Vous vous y promènerez au milieu d'une forêt, de champs et d'arbres fruitiers. Bus nᵒˢ 16, 2B, 52A.

San Michele in Bosco. 7 ha, surmonté du monastère. Du belvédère, Stendhal admirait une des plus belles vues sur la ville. Bus nᵒˢ 30, 16, 52B. En voiture par les rues S. Mamolo et Codivilla.

Des quartiers, des villages

Les coordonnées entre parenthèses font référence au plan du centre ville.

La visite de ces deux quartiers est articulée de façon à permettre à chacun de choisir son périple à la carte, selon le temps dont il dispose et ses propres goûts ; dans les deux cas, une demi-journée semble le minimum, musées à part. Grâce à l'organisation des itinéraires, chacun est à même de les scinder ou de faire des haltes pour profiter des nombreux cafés, *trattorie* et oasis de verdure qui animent les parcours. Un petit conseil : si, de temps en temps, la porte cochère d'un palais privé s'entrouvre, demandez gentiment au concierge de vous laisser jeter un coup d'œil...

1. Le quartier de l'université

Via Rizzoli – via Zamboni – le ghetto – l'église San Donato (D2-E2)

Bologne, la docte

L'université de Bologne était l'un des foyers intellectuels majeurs du Moyen Age italien. La ville, fière de son prestige, consacrait à son université un important budget, comme semblent en témoigner les monnaies du XIVe siècle, qui portaient la devise « *Bononia docet* ». Le premier enseignement fut celui des docteurs en loi : Pepone, *doctor legis*, cité en 1076, commentait les textes législatifs romains sans dépendre d'aucune tutelle religieuse ou civile. W. Irnerio est considéré comme le fondateur de l'université, qui n'eut pas au début de siège centralisé. Souvent les *doctores legis* enseignaient dans leurs propres habitations et l'*universitas scholarum* de Bologne était célèbre grâce au rôle prédominant joué par les élèves, qui choisissaient librement et payaient leurs maîtres. Les privilèges dont jouissaient les élèves contribuèrent à accroître la réputation de la ville qui, au XIIe siècle, était synonyme de culture du droit et des lois. Toutefois, à partir du XIIe siècle, l'étude du droit revêt un caractère politique et les glossateurs (voir les tombeaux des églises S. Domenico et S. Francesco) offrirent l'appui de leur savoir juridique à des empereurs étrangers. L'autorité religieuse s'engagea à son tour dans la vie culturelle citadine : en 1179, les docteurs se réunissaient dans l'église S. Pietro pour y écouter les thèses des étudiants et l'archidiacre de la cathédrale leur remettait les *laure* (« diplômes »). Ensuite l'université fut surtout fameuse pour la médecine. La première dissection humaine y eut lieu en 1281, provoquant le courroux du pape Boniface VII qui excommunia ces découpeurs de cadavres.

Vous pourrez commencer votre exploration par les petites rues qui côtoient la **via Rizzoli** (à côté de la piazza Maggiore). Les cafés, les banques et les belles boutiques de la via Rizzoli reflètent l'image d'une rue qui se trouvait déjà là il y a deux mille ans : la via Emilia. Imaginez, à la place des rues Ugo Bassi et Rizzoli (ex-via Emilia), la petite rue du Marché-du-Milieu (XIIIᵉ siècle), baptisée ainsi parce que son marché se trouvait coincé entre ceux de la piazza Porta Ravegnana et de la piazza Maggiore. Sur les murs de la petite rotonde de la galerie G. Acquaderni, en face du magasin La Standa, des fresques rappellent la Bologne de jadis. Sur la gauche de la via Rizzoli, 25 via Oberdan, s'élève la **basilique S. Martino** (XIVᵉ siècle). La façade fut refaite en style gothique en 1879 (G. Modonesi). L'intérieur a conservé de très belles peintures dans les chapelles : F. Francia, Paolo Uccello, Carrache. La **porta Ravegnana** (D3), ainsi appelée parce qu'elle ouvrait la route vers Ravenne, accueillait au VIᵉ siècle de nombreux échanges commerciaux avec la capitale byzantine. Remarquez le beau balcon du XVIIᵉ siècle. Le quartier est placé sous la protection de deux géants, les tours **Asinelli** et **Garisenda** (voir *Les grands classiques*, p. 115). Au pied des Deux Tours, prenez la via Zamboni. Ses palais vous raconteront les anciennes luttes entre les familles rivales Bentivoglio et Malvezzi. **La via Zamboni**, c'est avant tout l'université, formant une sorte de « quartier latin » jusqu'à la via Irnerio. La vie estudiantine, ses lieux, ses rythmes et ses rites occupent encore aujourd'hui une large place dans le paysage socio-culturel bolonais. La présence dans la cité, dès le Moyen Age, de nombreux étudiants étrangers a favorisé l'expansion des affaires et du commerce. Les étudiants, qui fréquentaient alors l'Alma Mater, formaient une sorte de «corporation» originale. Tous ces jeunes étrangers arrivaient dans la ville accompagnés de leurs serviteurs et même souvent escortés d'artisans. Cette présence stimula l'activité commerciale de la ville, et elle a encore aujourd'hui une répercussion notable sur l'économie locale. Une foule de plus de cent mille étudiants remplit les amphithéâtres et les musées du lieu, créant une filiation idéale entre le passé et le présent.

Le ghetto

Via Zamboni, les maisons médiévales hautes d'un étage au-dessus des arcades de bois cachaient dans les fenêtres d'angle, au niveau du sol, des ouvertures circulaires dans des rosaces en terre cuite. Les habitants de la maison pouvaient ainsi contrôler la rue, précaution indispensable pendant une époque troublée. La Casa Azzoguidi, 2 via S. Nicolò, conserve un bel exemple de ces judas.

La Casa Azzoguidi (XIVe-XVe siècles), qui constitue aujourd'hui une partie de l'hôtel Corona d'Oro, est un exemple frappant d'habitation médiévale. Au n° 6, tournez à gauche **via Albiroli,** où la **tour Guidozagni** témoigne, elle aussi, du passé féodal de la ville et des rivalités entre les lignées nobles de l'époque. En continuant tout droit, on arrive au fond de la **via Sant'Alo**, où on aperçoit la **tour Prendiparte**, ou Corona, que l'archevêché utilisa comme prison au XVIIIe siècle. A la fin de Sant'Alo, aux n°s 2, 4 et 6 de la **via Altabella,** se trouve le **palais de l'Archevêché** (XIIIe siècle). Arrivé là, on prend en face la via Caduti di Cefalonia, à l'angle de laquelle se dresse la **tour Azzoguidi** (XVIIe siècle), appelée encore Altabella, où vivait, dit-on, une femme à la beauté extraordinaire. Chemin faisant, on a un aperçu du dédale formé par les ruelles du ghetto. On se promène entre les tours et les maisons du XVIe siècle, comme les **Case Castellini** (via Cadutidi Cefalonia), construites en saillie sur barbacanes pour éviter d'encombrer le passage déjà fort étroit. Revenus via Rizzoli et via Oberdan, on trouve l'église **S. Nicolò** (1680), où l'on peut admirer la *Tentation de saint Antoine* de Giuseppe Maria Crespi. Les tortueuses ruelles du ghetto dessinent le plan de la cité médiévale telle qu'on l'imagine à l'époque des croisades. On lit clairement l'opposition entre le quadrilatère et le quartier de la piazza Maggiore, tracés selon les canons et la géométrie romaine. Le périmètre du ghetto fut délimité sous l'autorité de l'Etat pontifical (1556). Trois portes fermées la nuit permettaient d'y accéder. La synagogue se trouvait via dell'Inferno; le nom de cette rue, antérieur au ghetto, semble annoncer la prison collective qu'allait devenir ce quartier.

En continuant votre promenade via Oberdan, prenez à droite le vicolo Tubertini et vous entrerez au cœur même du ghetto. Vous pourrez vous restaurer chez Benso, qui se trouve à deux pas. Tournez à gauche via Giudei, à droite via Canonica et vous tomberez sur la via Zamboni : vous passerez devant l'**église S. Donato** (XVe siècle), avec sa façade décorée de motifs trompe l'œil, et au no 9 devant le **palais Bianchetti**, avec son élégant portique (XVIe siècle).

Aux nos 14-16 via Zamboni, admirez le **palais Manzoli-Malvasia** (XIIIe siècle), transformé en 1760 selon les conceptions néo-palladiennes dont témoigne la façade coiffée d'un tympan et divisée par des lésènes. La grande voûte sur la gauche est ornée d'un mascaron en pierre meulière d'où jaillissait le vin sur la foule en liesse à l'occasion des fêtes. En face, au no 13, s'élève le **palais Malvezzi de'Medici**, baptisé le «palais du portique sombre» parce qu'à sa hauteur la rue formait une espèce de gorge. Projeté par B. Triachini, il constitue un exemple de l'architecture de l'époque : superposition des trois ordres, dorique, ionique et corinthien. L'escalier intérieur de F. Bibiena (1725) conduit au 1er étage, où se trouvent les appartements et une importante collection d'œuvres d'art.

Au no 20, s'élève le **palais Magnani** (XVIe siècle), initialement propriété d'une famille de chaudronniers, drapiers, banquiers et juristes de leur état. Vous pourrez y admirer, à l'étage, la frise du salon qui se déploie sur 25 m et un cycle de 14 fresques des Carracci illustrant la fondation de Rome.

Depuis le XVe siècle, l'**église S. Giacomo Maggiore** est connue sous le nom d'église des Bentivoglio à cause des travaux et améliorations qu'ils y firent apporter. La façade (attribuée à E. da Campignano et G. di Giacomo), le portail orné de lions, les fenêtres de style gothique vénitien, datent de 1315. Notez le portique latéral d'une grande élégance. A l'intérieur, dans un cadre Renaissance, de nombreux chefs-d'œuvre constituent un patrimoine artistique fondamental à la connaissance de la peinture bolonaise du XVIᵉ siècle (Carracci, I. della Quercia). Au fond du déambulatoire absidal s'ouvre la magnifique **chapelle Bentivoglio** (1445-1486). Ne manquez pas d'aller vous recueillir dans l'**Oratorio di S. Cecilia**, tout proche, au nᵒ 15 de la via Zamboni ; vous y verrez de belles fresques en dix tableaux (F. Francia, L. Costa) sur les vies de sainte Cécile et de saint Valérien, considérées comme l'un des chefs-d'œuvre de la Renaissance bolonaise, passage de la certitude du XVᵉ siècle à l'inquiétude du XVIᵉ siècle.

Le conservatoire de musique **G. B. Martini**, symbole de la culture musicale bolonaise depuis le XVIIIᵉ siècle, se situe dans l'ancien couvent des Agostiniens. Après avoir traversé le cloître, on monte l'escalier de Torregiani (1752) et on pénètre dans la grande salle des concerts où se distinguent un très bel orgue et une galerie de portraits de musiciens et de chanteurs célèbres.

La collection du **Civico Museo Bibliografico Musicale** compte 110 000 volumes : incunables, manuscrits, autographes de musiciens, partitions rares (XVIᵉ-XIXᵉ siècles). Vous y découvrirez des écrits autographes de Bellini, Donizetti, Mozart, Puccini, Verdi, Wagner et la partition autographe du *Barbier de Séville* de Rossini. Très belle collection de portraits à l'huile (environ 315 pièces), en particulier ceux de J. S. Bach (T. Gainsborough), de C. Burney (J. Reynolds), un surprenant tableau de G. Maria Crespi, *La biblioteca musicale*. En 1770, le jeune Mozart, candidat à l'examen d'admission de compositeur à l'Académie philharmonique de Bologne, prit des leçons avec le père franciscain Martini, musicien et musicologue érudit, compositeur de musique sacrée et profane, et bibliophile. Ce dernier, voyant que son élève n'avait pas scrupuleusement respecté les règles du contrepoint, recomposa le devoir que Mozart recopia…

Au nᵒ 22, le **palais Malvezzi-Campeggi** (XVIᵉ siècle) offre une architecture qui recourt à un artifice donnant l'illusion que les pierres ont été taillées en rosaces. Aujourd'hui siège de la faculté de

Droit, il est attribué à Andrea et Giacomo da Formigine. A l'étage, belles fresques, dans le Salone delle Armi (1730), qui illustrent les campagnes militaires des Malvezzi, tous hommes d'armes au service de nombreux drapeaux européens.

Vous pourrez boire un café ou faire une halte gourmande dans un des nombreux cafés de la rue, vous asseoir sur les bancs des minuscules squares ou sur les marches du portique de la piazza Verdi.

La piazza Verdi se trouve au cœur du quartier universitaire. Vous y verrez une foule bigarrée d'étudiants et de clochards. Parfois quelque prédicateur harangue la foule, tandis que des militants tentent de réveiller la conscience collective… Partout, de nombreuses affiches vous tiendront au courant des mille et un spectacles, manifestations, concerts, conférences, locaux des étudiants, qui animent le quartier.

Les soirs d'été, pendant les festivals, le quartier s'anime de spectacles et les petites places deviennent de sympathiques bars à ciel ouvert.

A côté de l'**église S. Giacomo Maggiore**, on peut voir les vestiges des murs d'enceinte. Sur le côté gauche de la place se trouve le **Teatro Comunale**, où s'élevait la Domus Aurea, majestueux palais des Bentivoglio détruit par la fureur populaire en 1507. Aujourd'hui, seules les écuries subsistent. Le théâtre, célèbre pour son acoustique, a été réalisé entre 1756 et 1763 sur un projet d'Antonio Bibiena, membre de la dynastie bolonaise d'architectes de théâtre. Sur les indications du père Ferdinando, un des décorateurs majeurs de l'art baroque, on dessina la célèbre courbe phonique. Récemment on a restauré les couleurs du XVIIIe siècle, le vert du rideau et des fauteuils, et l'ivoire et l'or des boiseries.

Le **palais Salaroli** date de l'époque des Bentivoglio, avec des arcades, des fresques (XVe-XVIe siècles) et un escalier. Jetez également ment au passage un coup d'œil à l'**église S. Sigismondo**.

Le **palais Poggi**, 33 via Zamboni, est l'un des plus significatifs de la culture cosmopolite du XVIe siècle. La famille Poggi, qui n'appartenait pas à la noblesse, le fit construire au XVIe siècle comme symbole de son ascension sociale. Des fresques somptueuses de Pellegrino Tibaldi illustrent des scènes mythologiques. A voir aussi, des œuvres d'inspiration mondaine de Nicolò dell'Abate. C'est le siège actuel de l'université. La **tour de l'Observatoire** domine le palais. L'édifice possède des collections d'un intérêt scientifique et culturel exceptionnel (Institut des sciences). De nombreux musées vous accueilleront tout au long de votre promenade dans ce quartier ; vous n'aurez donc que l'embarras du choix. Chaque musée étant riche en collections spécifiques, nous laissons libre cours à vos propres goûts.

A visiter dans le quartier

Le musée d'Anatomie. 31 via Zamboni (D2), situé dans la salle méridienne de l'Observatoire, propose une riche collection d'instruments de dissection.

Dans le palais Poggi, 33 via Zamboni (D2) :

Musée historique de l'Université. Conserve entre autres la toge de Galvani.

Musée naval. Un des plus importants du monde : modèles rarissimes de vaisseaux de guerre des XVIIᵉ et XVIIIᵉ siècles, dont le *Bien-Aimé* (1771).

Collection des anciennes cartes géographiques. Admirables cartes du XVIIᵉ siècle gravées sur cuivre.

Ce musée jouxte la **Chambre d'architecture militaire.** Jetez un coup d'œil à l'Aula Carducci, avec sa chaire et ses bancs originaux.

Musée d'Obstétrique G. A. Galli. A reconstitué l'intérieur d'un laboratoire exceptionnel pour l'époque.

L'Observatoire et le musée d'Astronomie.

Le Rectorat et la bibliothèque universitaire. 35 via Zamboni (D2). Renferment une collection de 600 prestigieux portraits de cardinaux, théologiens, philosophes, hommes de science, etc. La bibliothèque contient :

L'Aula Magna.

Les musées scientifiques Aldrovandi et Marsigli.

Les musées du palais Poggi sont ouverts tous les jours sauf lun. 9h30-12h30, 15h30-18h30.

Le musée de Géologie et de Paléontologie. 63 via Zamboni (E2).

Le musée d'Anthropologie. 1 via Francesco Selmi (E2).

Le musée de Zoologie. 3 via F. Selmi (E2).

Le musée d'Anatomie comparée Ercole Giacomini. 8 via Belmeloro (E2), est un des plus importants d'Italie.

Le musée d'Anatomie des animaux. 12 via Belmeloro (E2).

Le musée de Physique. 46 via Irnerio (D2).

Le musée d'Anatomie humaine normale. 48 via Irnerio (D2), est particulièrement fameux pour sa collection d'anatomies en cire.

Le musée de Minérologie et de Pétrographie. 1 piazza porta S. Donato (E2).

Au sortir de ce parcours scientifique, témoin de l'importance de la présence universitaire dans la ville, allez vous reposer au **Jardin botanique et herbier**, 42 via Irnerio (D2-E2). On le doit à Aldrovandi en 1588. Son patrimoine végétal compte deux mille espèces. On peut y respirer des essences méditerranéennes, se promener au milieu de bosquets de peupliers, de saules, et admirer dans le jardin ornemental les cèdres, le ginkgo, les ifs et le séquoia. Enfin, pour vous dépayser tout à fait, faites un détour du côté des serres.

Sinon, allez admirer les derniers palais de la via Zamboni (n°s 34 et 38), qui vient mourir au pied de la porte S. Donato. Toujours dans le même quartier, via Belle Arti, se trouve la pinacothèque nationale, à ne pas manquer (voir *Les grands classiques*, p. 117).

2. Le quartier de Santo Stefano

Via S. Stefano – strada Maggiore – via S. Vitale.

Sans aucun doute un des quartiers les plus évocateurs pour découvrir le rythme des façades, des arcades et la variété des palais. Un voyage dans le temps qui vous révélera l'histoire de la ville. L'hiver, la lumière ocre des spots et des lampadaires rehausse la mémoire des palais embrumés.

L'été, pendant le festival Bologna Sogna, tout le quartier se transforme en véritable jardin d'Eden. Les cloîtres, les églises, les jardins s'ouvrent la nuit pour vous accueillir. Vous y rencontrerez les Bolonais sortis de leurs discrets palais.

Les trois rues naissent pratiquement aux pieds des Deux Tours : la via S. Stefano (qui part de la piazza della Mercanzia) et la strada Maggiore, qui étaient autrefois les voies stratégiques vers Florence et Rome, et la via S. Vitale, ancienne Route du sel. Ce quartier a toujours été le lieu de prédilection des familles nobles, qui y firent bâtir leurs somptueux palais à l'abri du deuxième mur d'enceinte. La première rue, à droite des Deux Tours, conduit à la piazza della Mercanzia, jadis appelée « lieu des rencontres animées » car les changeurs de monnaie pour les étudiants étrangers y étaient installés. La loggia date de 1384 ; du balcon, les magistrats de la ville proclamaient les faillites. Notez au n° 2 les demeures Seracchioli, au n° 4 la Casa Rotondi et Alberici, dont la tour abritait déjà une échoppe en 1273.

La piazza Santo Stefano

D'un grand charme évocateur, elle a été récemment restaurée afin de mettre davantage en valeur sa fonction sacrée. Au n° 14, l'intérieur de l'**hôtel Bianchi** est orné d'un grand escalier Empire décoré de stucs et de statues (B. Furlani, D. Palmerani).

Au n° 18, l'**ex-hôtel Bolognini** présente une corniche originale avec des têtes humaines en terre cuite et des vases, thème repris pour le palais Bolognini (n°s 9-11). Réalisé par Formigine (XVIe siècle), il présente une façade également ornée de têtes (attribuées à A. Lombardi et N. da Volterra) qui semblent regarder les passants d'en haut. Ce sont des portraits à l'imitation de figures antiques, magnifiques avec leurs couvre-chefs à turban, leurs barbes et leurs chevelures soignées.

– Revenons au n° 18, qui porte aujourd'hui le nom de Casa Isolani (XVe siècle) et qui abrite à présent la **Corte Isolani**, belle galerie marchande le long d'un parcours suggestif fait de cours, d'escaliers et de voûtes, agrémenté de belles boutiques, de cafés et d'un restaurant, qui unit S. Stefano et la strada Maggiore (n° 19).

Vous pourrez y prendre un verre, une pâtisserie ou un repas dans un cadre raffiné et élégant.

– En revenant à S. Stefano, aux n°s 15-21, les demeures Beccadelli participent à l'harmonie du continuum formé par les maisons poussées les unes contre les autres, symbole de l'esprit communautaire de la cité, assurant aussi le lien entre les thèmes de la Renaissance et de l'art gothique.

Au n° 16, l'intérieur du **palais Isolani**, avec une façade de G. A. Torri (1708), une cour intérieure et un escalier hélicoïdal, conserve des peintures (Gandolfi, Crespi, Albani, etc.).

La basilique S. Stefano (voir *Les grands classiques*, p. 116). Elle aurait été conçue par l'évêque Petronio au Ve siècle comme un rappel du sanctuaire de Jérusalem ; on aurait construit le baptistaire chrétien à la place d'un temple dédié à Isis à une époque où le christianisme s'imposait sur le paganisme. Le temple de la déesse s'élevait au-dessus d'une source, conformément aux principes de ce culte où l'eau était liée aux cérémonies d'initiation et de purification ; l'eau sera également au cœur de la ritualité chrétienne avec le sacrement du baptême.

– Au carrefour de la via Farini et de la via S. Stefano, à droite, une rampe mène à la **piazza S. Giovanni in Monte**, sur laquelle se trouve l'église du même nom. Toujours selon la vie légendaire de S. Petronio, l'évêque aurait fait ériger sur cette butte, après l'église S. Sepolcro, un pavillon rond rappelant celui de Jérusalem sur le mont des Oliviers ; « Monte Oliveto » apparaît en effet sur des documents bolonais du XIe siècle. Des chanoines firent construire l'église au XIIIe siècle, remaniée ensuite à la manière gothique au XVe siècle. Nicolò dell'Arca sculpta l'aigle fier, symbole de saint Jean l'Evangéliste (1481), qui trône au-dessus de la porte. A l'intérieur, les chapelles abritent un patrimoine considérable de chefs-d'œuvre : vitraux d'après un dessin de Cossa ; dans la deuxième chapelle, trois tableaux du Guerchin (XVIIe siècle) ; le retable de la grande chapelle est de L. Costa (1501), les stalles admirables du chœur de P. Sacca de Cremona (XVIe s.) ; notez la sacristie avec ses meubles et sa frise sculptée (1720).

Le couvent attenant, avec les cloîtres de Terribilia (XVIe siècle), contenait une prison à l'époque napoléonienne.

– En redescendant la ruelle en pente vers la via S. Stefano et en tournant à droite, l'itinéraire continue devant l'ex-Albergo del Corso, au n° 37, pension pour chanteurs où logea le poète Giacomo Leopardi.

Au n° 43, s'élève le **palais Vizzani-Sanguinetti** (XVIe siècle), avec sa façade maniériste. A l'intérieur, allez voir l'intéressante perspective de la cour (due à Bibiena), les appartements décorés de fresques (XVIe siècle) et les décorations du XIXe siècle.

Au n° 56, le **palais Zani** possède une fresque de Guido Reni dans une voûte du plafond. Les demeures aristocratiques de la rue recèlent de véritables trésors derrière leurs façades (n°s 45, 57, 71). Le thème du spectaculaire sera repris pour la façade du palais Agnocchi (n° 75) : levez les yeux vers les petits balcons et le surplomb audacieux de la balustrade centrale. Le XVIIIe siècle assistera à une frénésie de construction de palais rivalisant d'élégance ; les arcades demeurent le fil conducteur de la rue, gommant les sauts chronologiques.

On parvient au **conservatoire du Baraccano** et à son célèbre portique (XVe-XVIe siècles) et, passant sous une grande voûte, on accède à l'allée qui conduit à l'église de la Madonna del Baraccano, construite au XVe siècle pour abriter une image de la *Vierge à l'Enfant* de Lippo de Dalmasio. Dans la grande chapelle ornée de marbres sculptés en 1512, les ornements baroques datent du XVIIIe siècle. Le conservatoire devint un pensionnat pour jeunes filles pauvres (1531).

La barrière de la via S. Stefano, ou Grégorienne, ancien poste d'octroi (1843) formé de deux édifices symétriques, conclut la rue. Vous êtes à deux pas des jardins Margherita ! Profitez-en pour y flâner ou vous y reposer.

– Le quartier fut aussi le théâtre des «amours» littéraires du poète Carducci et de la reine Marguerite. En 1878, G. Carducci, alors fervent républicain, rencontra la reine en visite à Bologne et devint un monarchiste convaincu. La reine mécène lui permit de vivre tranquillement jusqu'à la fin de sa vie dans la «maison

G. Carducci », 5 piazza Carducci. Cet édifice datant du XVIᵉ siècle était à l'origine une église ; il devint une habitation sous l'occupation napoléonienne et le poète y résida à partir de 1890 ; le lieu lumineux et verdoyant s'harmonise bien avec l'univers du poète de la nature et de la liberté. A voir, les appartements et la riche bibliothèque : ouv. en semaine 9h-12h, 15h-17h, jours fériés 9h-12h. Dans le jardin, vous admirerez la statue du poète et des vestiges du mur d'enceinte médiéval. Au rez-de-chaussée se trouve le musée du Risorgimento, créé en 1893. Dans ce temple laïque, on peut admirer les chemises rouges de Garibaldi, les reliques de héros et de martyrs, des drapeaux et des armes, dont celles de Murat.

La strada Maggiore (D3-E3)

Cette rue est une éblouissante collection de palais, de cours intérieures et de jardins. Si vous désirez surprendre les secrets des cours intérieures, préférez une heure de belle luminosité, car les entrées des palais restent souvent plongées dans une semi-obscurité. Un vigoureux rayon de soleil vous permettra de dénicher les moindres détails… Dans certains lieux fermés au public, un portier sensible à votre courtoisie vous ouvrira facilement les grilles…

– La continuation des rues Ugo Bassi et Rizzoli, donc de la via Emilia, reliait le cœur de la cité et les faubourgs. A sa naissance se dresse la **basilique S. Bartolomeo e Gaetano** (XVIᵉ siècle), avec sa coupole recouverte de cuivre, son clocher du XVIIIᵉ siècle et ses belles arcades ornées de bas-reliefs ; à l'intérieur, décor fastueux : parmi toutes les œuvres qu'offre l'église, citons le *San Carlo al Sepolcro di Varallo* de L. Carracci (1614) ; la fameuse *Madonna col Bambino* de Guido Reni est d'une grande tendresse.

La restauration du **palais Lupari**, au n° 11, laisse voir le dallage de la voie romaine ; l'**hôtel Bonvalori**, au n° 13, est un bel exemple d'architecture privée de la fin du gothique ; l'**hôtel Sorgi**, aux n°ˢ 15-17, est la première construction en maçonnerie d'une époque où l'on utilisait toujours le bois des forêts de Bologne. Le **palais Gessi**, au n° 20, porte les armoiries de Grégoire XIII ; le **palais Fantuzzi**, au n° 22, possède une façade du XVIᵉ siècle, avec un escalier attribué à Bibiena et un beau portique.

– La strada Maggiore vous réserve un autre type de tentations : au milieu de ce musée à ciel ouvert, vous pourrez aussi faire du lèche-vitrines… Le long des arcades vous attendent d'élégantes boutiques de modes, de linge de maison, de meubles, de bijoux, d'antiquités, des magasins d'épicerie fine, etc. Vous pourrez vous désaltérer, entre deux emplettes, dans un des élégants bars du quartier.

– Au n° 24, l'**hôtel Sampieri** offre au regard de nombreuses fresques des Carracci et un plafond de Guercino ; un portique à piliers anguleux revêtus en bossage lisse exprime l'œuvre néo-classique de l'architecte Santini. Au n° 19, l'**hôtel Isolani**, fondamental pour comprendre l'histoire des portiques, s'appuie sur de longues travées de bois, système qui permettait de construire des logements sans gêner la circulation. Au n° 26 se dresse la **maison du musicien Rossini** (qui apprécia à Bologne comme à Paris les plaisirs de la bonne chère). Au n° 34, le palais Riario (XVIe siècle), restructuré en 1798 par G. B. Martinetti, conserve la frise inspirée du temple romain d'Antonin et de Faustina ; des peintures du XIXe siècle ornent les salles de l'intérieur. La **tour des Oseletti** se dresse entre les n°s 34 et 36 ; le **palais Bonfioli**, au n° 29, conserve un charmant escalier en colimaçon orné de statues de stuc, de cordons peints, de fleurs et motifs végétaux. Les arcades du **palais Tartagni**, au n° 42, présente des mascarons en terre cuite du XVe siècle. Le **palais Davia Bargellini** (1638), au n° 44, offre une façade de style, d'une grande pureté et luminosité ; le portail d'entrée monumental est flanqué de deux télamons, ou atlantes, exemples uniques à Bologne qui ont valu à l'édifice l'appellation populaire de « palais des géants ». Au rez-de-chaussée se trouve la **galerie D. Bargellini**, qui possède une grande collection. Ouv. mar.-sam. 9h-14h, dim. 9h-12h30.

– Vous voici parvenus à un des angles où la rue semble s'élargir, s'aérer. L'**église Santa Maria dei Servi** (XIIIe siècle) est entourée d'arcades à la grâce fragile et légère (1393). L'intérieur, divisé en trois nefs, trahit les concepts gothiques ; l'église, célèbre pour sa *Vierge à l'Enfant* de Cimabue, contient des fresques de Lippo di Dalmasio et de Vitale da Bologna. De nombreuses œuvres de peintres locaux des XVIIe-XVIIIe siècles ornent la sacristie. Vous pourrez faire une autre halte dans le beau **palais Hercolani** (au n° 45). Il sert de lien, grâce au portique, à des édifices d'époques fort différentes : bel escalier, fresques et jardin à l'anglaise. Ouvert au public.

Au n° 51, le palais Angelelli abrite dans sa première galerie la statue de Prométhée déchiqueté par l'aigle, œuvre de G. B. Bolognini. Au n° 71, l'hôtel Zoppi, un des plus anciens théâtres privés de la ville au XVIᵉ siècle, abrite dans son jardin un puits à colonnes doriques coiffé d'un entablement surmonté de deux dauphins (de A. Morandi, dit le Terribilia).

Entre la via S. Stefano et la strada Maggiore, allez flâner avec le peintre G. Morandi, via Fondazza, où il résidait et qui unit les deux précédentes. Cette rue (jadis d'artisans et de prostituées) et ses osterie se retrouvent d'ailleurs dans ses tableaux aux couleurs ocre, rouge et rose.

La via San Vitale (D3-E3)

La troisième rue qui part des Deux Tours s'appelait via Salaria à l'époque romaine, car elle conduisait aux salines de Cervia ; la via S. Vitale a conservé le charme discret du passé, entretenu par la présence de nombreuses boutiques d'antiquités (vieux cadres, meubles, objets rares et gravures). Le **palais Orsi** (n°ˢ 28-30) a été construit au XVIᵉ siècle sur un projet de Terribilia, l'architecte de l'Archiginnasio ; à l'intérieur, stucs et statues, escalier et plafonds suivent les canons baroques. Le **palais Negri** (n° 15) représente un exemple d'architecture Renaissance d'une grande sobriété avec, sur le portail, deux intéressants battants du XVIᵉ siècle en forme de mascarons. L'architecte et poète G. F. Negri, qui traduisit en dialecte bolonais la *Jérusalem délivrée* du Tasse, institua dans ce palais l'académie des Indomptables, cercle privé désireux de fomenter le renouveau de la vie intellectuelle bolonaise de l'époque. Au n° 23, le **palais Fantuzzi**, attribué à Formigine, présente une majestueuse façade « théâtrale », avec des colonnes à demi engagées en bossages rustiques qui rythment la séquence des fenêtres mises en relief par des tympans ; vous noterez le jeu de clair-obscur créé par l'alternance rapprochée des zones de lumière et des zones d'ombre autour des pierres. Le fastueux escalier baroque (1680) orné de statues mène au salon décoré de lointains peints par F. Bibiena.

L'hôtel Franchini (n° 31), du XVIᵉ siècle, communique avec le Torresotto (XIIᵉ–XIIIᵉ siècles), une des anciennes portes de l'avant-dernière enceinte de remparts appelée « enceinte de l'An Mil ».

– En face du lieu où se trouvaient les arènes romaines, qui virent le martyre des saints Vitale et Agricola, se dresse l'**église S. Vitale et Agricola**, mentionnée pour la première fois sur un document officiel en 1088. Elle fut complètement reconstruite, selon la volonté des religieuses bénédictines à la fin du XVIᵉ siècle. Elle jouxte la chapelle S. Maria degli Angeli (1505) : belle porte, belles fresques à l'intérieur (G. Francia), retable remarquable. La crypte demeure l'endroit le plus évocateur : c'est tout ce qui reste de l'église du XIᵉ siècle.

L'église S. Vitale s'organise autour de la vasque baptismale. Les Lombards édifient à côté du baptistaire une église de style lombard. Deux siècles plus tard, les moines bénédictins de la réforme de Cluny font bâtir le clocher, le cloître, le grand monastère et une nouvelle église, le Cenacolo (à gauche du clocher). L'ex-temple d'Isis, puis baptistaire, devient l'**église S. Sepolcro**, reconstruite aux XIᵉ-XIIᵉ siècles. A la fin du XVIᵉ siècle, le complexe est pratiquement terminé ; il subira de profondes transformations de 1870 à 1930.

– Si vous vous perdez un peu dans les petites rues adjacentes à la via S. Vitale, ne manquez pas la via G. Petroni, qui vous conduira au cœur des ruelles et des petits portiques qui forment le « **bourg Cavicchio** », ancien quartier des rempailleurs de chaises fréquenté autrefois par les artisans et les prostituées. Jetez aussi un coup d'œil à la via Begatto, où l'on voit encore des maisons typiques des XIVᵉ et XVᵉ siècles.

– Après ce petit détour, vous pourrez retourner admirer les **palais Grassi** (n° 60) et **Grimani** (n° 49), du XVIᵉ siècle, attribués à A. Morandi, dit Terribilia. Au n° 112, se trouve l'**église S. Maria della Pietà** (XVIIᵉ siècle) : l'intérieur à une nef, avec des chapelles latérales peu profondes selon les canons en vogue à Bologne au XVIᵉ siècle, est assez austère et conserve un patrimoine artistique considérable. Allez ensuite fureter (ou vous restaurer dans les osterie) du côté de la via Broccaindosso. Aux n°s 7, 11 et 13, on peut encore voir des maisons ouvrières du XVIe siècle.

INVITATIONS A LA BALADE

Les coordonnées entre parenthèses font référence au plan du centre ville.

Un théâtre à ciel ouvert, la symphonie des arcades

De la via d'Azeglio (C3-C4), aux pieds de la colline, jusqu'à la Certosa.

Durée : de trois heures à une demi-journée.

Piazza Galvani derrière S. Petronio – A gauche, via Farini jusqu'au jardin Cavour – Suivre la via Garibaldi jusqu'à l'église S. Domenico – Prendre la via Marsili et, au carrefour, la via Massimo d'Azeglio – Remonter la via Saragozza jusqu'à San Luca – Redescendre le portique jusqu'au Meloncello – Traverser et longer les arcades du stade (rue de Coubertin) en direction du cimetière de la Certosa – Tout au bout vous attend le décor suggestif de la Certosa.

Les arcades et les portiques constituent la voie royale pour visiter la ville ; les arcades les plus spectaculaires partent de la porte Saragozza et grimpent jusqu'au sanctuaire de San Luca.

A l'inverse des deux promenades précédentes, celle-ci convient aux bons marcheurs, mais peut s'effectuer en partie en voiture.

Cet itinéraire peut correspondre à deux promenades : vous pouvez vous arrêter au pied du portique de San Luca ou même avant, à la porte Saragozza, en réservant la visite du cimetière de la Certosa pour un autre moment ; dans ce cas-là, comptez environ trois heures. Si vous faites tout le trajet jusqu'à la Certosa, vous lui consacrerez une demi-journée, haltes gourmandes incluses... Si vous n'avez pas envie de gravir les marches du portique, montez en voiture depuis l'arc du Meloncello et faites de même pour la descente jusqu'à la Certosa. Pour les photographes, la fin d'après-midi se prête merveilleusement bien à la symphonie des arcades.

– De la **piazza Galvani**, derrière la basilique S. Petronio, tournez à gauche dans l'élégante via Farini, que vous traverserez aussitôt pour rejoindre le petit jardin ombragé de la piazza Cavour. De là, prenez la via Garibaldi qui vous conduira tout droit vers l'**église S. Domenico**, située sur une très jolie place ornée de tombeaux gothiques. Construite au XIIIe siècle (la façade date de l'époque), elle est considérée comme une des églises les plus intéressantes de la ville. Notez l'élégante chapelle carrée sur la gauche et allez découvrir les admirables chefs-d'œuvre de Nicolò dell'Arca et de Michelangelo à l'intérieur. L'église offre aussi un intéressant petit musée. Vous pourrez ensuite aller méditer dans l'ambiance sereine et recueillie du cloître.

– Au sortir de l'église, empruntez la via Marsili. Tournez à gauche via d'Azeglio.

– Au **carrefour des rues d'Azeglio-Urbana-Marsili**, votre promenade continue sous les balcons du **palais Marsili**. Au no 59 (via d'Azeglio), sur le portail de la Maternità, notez un médaillon avec deux *putti* emmaillotés dans leurs langes et placés sous la protection de la croix : ce sont les *bastardini* (bâtards), exposés à la charité publique et devenus le symbole de cette institution depuis 1224. Sous le portique (no41-45) de l'Ospedale degli Espoti, deux chapelles baroques abritent une école de théâtre et un magasin d'antiquité. Au nos 47-49, remarquez un faune porte drapeau en bronze (1910) et, au no 57, un luxuriant petit jardin contre lequel s'appuie un petit temple dont les quatre colonnes ioniques soutiennent un tympan triangulaire décoré d'élégants angelots.

Sur votre chemin, vous pourrez vous restaurer dans l'excellent barpâtisserie d'*Azeglio* ou déjeuner chez *Alice* (à la belle saison, tables dehors) ou encore prendre une glace chez *Mario*.

– Un peu plus loin, si vous franchissez la porte, au-delà du boulevard de ceinture, passez par le **cloître de S. Annunziata**, d'où vous sortirez par un petit escalier. Remontez la via S. Mamolo pour découvrir une ambiance de village jusqu'à la Casa dell'Angelo, unique vestige du couvent du XIVe siècle avec l'église de

S. Maria degli Angeli. Vous trouverez le **jardin de la villa Franchi** au nº 26, ombré de beaux arbres et bien entretenu ; il s'étend jusqu'au lit de l'Aposa.

– En revenant sur vos pas via d'Azeglio, suivez la discrète intrusion de la colline dans la symphonie rouge de la ville. Prenez la via Tagliapietre (au nº 19, bel oratoire), tournez à gauche via Urbana, puis via Belfiore : vous arrivez via Collegio di Spagna. Le **collège d'Espagne**, avec ses arbres luxuriants, illustre cette prise de possession. A partir du XIVe siècle, l'affluence des étudiants était telle que l'on fit construire de nouveaux collèges pour eux : le collège d'Espagne accueillait les étudiants espagnols, et son édifice à deux étages aux locaux distribués autour d'une cour centrale à arcades devint un modèle du genre.

– Après la via Collegio di Spagna, à droite, prenez la via Saragozza, puis la via del Riccio, qui aboutit sur un des palais du quartier. Le **palais Salina Brazzetti**, 13 via Barberia, offre une belle façade ornée d'un portail monumental, surmonté d'un balcon ouvragé et d'élégantes balustrades de style rococo (1738). Prenez à gauche la via Barberia, tournez à gauche dans la typique via Nosadella jusqu'à rencontrer sur votre droite la via Ca'Selvatica, que vous suivrez. Tournez à gauche pour découvrir une des rues les plus pittoresques (et fort singulière pour la ville) : la via S. Caterina. Vous vous trouverez dans le petit « bourg » très populaire et suggestif de S. Caterina (les ruelles situées entre la via Collegio di Spagna et la cinquième à droite, la via S. Catarina). Après avoir longé les maisons étroites aux façades colorées et décorées de petites fenêtres fleuries, vous retrouverez la via Saragozza. Derrière vous se dresse la tourette du **palais Albergatti** (nºˢ 26-28), que courtise un jardin nostalgique.

Le coucher du soleil est le moment idéal pour jouir de ce splendide décor théâtral de la via Saragozza, quand les rayons incendient les volumes et les teintes depuis la porte Saragozza jusqu'à la tourette du palais Albergati (nºˢ 26-28). Après la porte, à droite, la via Audinot offre de nombreux édifices de style Liberty : vous aurez tout loisir d'y découvrir les mille rouages de l'architecture et des décorations : jeux de volumes, arches, fenêtres, peintures aux motifs de marronniers d'Inde, tournesols, clématites…

La via Saragozza, dans son ascension vers San Luca, est flanquée de belles villas, de jardins et de parcs. Aux nos 228-230, la Villa delle Rose (du XVIIe siècle), ouverte au public, accueille des expositions et, durant le festival d'été, des spectacles en plein air. Des sculptures animent le jardin. Après avoir gravi les nombreuses marches du portique de San Luca (3,7 km au total, descente incluse), accordez-vous une halte pour admirer le magnifique panorama et la vue sur Bologne.

En redescendant le même portique, on arrive à l'arc du Meloncello. On tourne à gauche, via Coubertin, et on longe le stade en suivant les arcades, d'où l'on peut voir le quasi millénaire **Canal di Reno** s'insinuer à travers les arcades et les colonnes ioniques d'un pont néo-classique (construit en 1831-1834). Vous parviendrez ainsi à un des lieux enchanteurs de Bologne la belle : le **monastère de la Certosa**, une des plus belles chartreuses d'Italie, devenu cimetière en 1801 et chanté par Carducci « dans un coin duquel, depuis les collines jusqu'au vert immense de la plaine, il sera doux de reposer pour toujours » (1888). De l'ancienne chartreuse, on a conservé l'église S. Girolamo, le splendide cloître du XVIe siècle, les fresques et de nombreuses œuvres d'art. Laissez-vous guider par le poète Roberto Roversi : « Si on y accède par sa plus vieille entrée, celle du stade, après l'arcade des fleuristes et des marbriers, on a l'impression de pénétrer dans une vieille tour abandonnée au libre arbitre des oiseaux et des pigeons, et au milieu, le pré des tombes à moitié oublié avec ses fleurs fanées. »

La Bologne des atriums, des cours intérieures et des escaliers

A la découverte d'une seconde ville, cette promenade vous révélera un aspect particulièrement intime et caché de la cité. Il faut la faire durant la journée, pour profiter d'un maximum de luminosité.

Les palais et maisons des anciennes rues du centre gardent bien

cachés des trésors d'architecture : escaliers, cours, jardins botaniques ou monastiques.

En effet, dans l'austère mesure architectonique de la ville, les escaliers grandioses, d'où émanent un charme et une scénographie
étonnants, ouvrent sur une nouvelle magie. Tandis que vous
déambulez dans la cité, une porte cochère vous dévoile soudain un
monument éloquent, solennel, immense avec ses marches basses,
ses balustrades aux rythmes harmonieux, ses statues à l'angle des
paliers, ses détrempes aux murs et tout en haut sa voûte baignée
d'azur et d'anges. Ces escaliers somptueux, derrière les façades des
palais seigneuriaux, étaient destinés à des protocoles cérémoniaux
de représentation (nomination des gonfaloniers ou des sénateurs).
De même, les jardins botaniques possèdent leurs traditions séculaires : ces vergers constituaient des lieux de délices où les seigneurs
séjournaient en joyeuse compagnie. Rencontres…

Nous vous en proposons une sélection, selon un itinéraire théma-
tique.

Autour de la piazza Maggiore (C3)

Le **palazzo de l'Archiginnasio** offre au regard du visiteur ses
murs, voûtes, cour intérieure, entièrement décorés de blasons. Ce
privilège de représentation était réservé aux membres de l'université. Cet ensemble héraldique, constitué de 6 000 emblèmes, est le
plus important au monde.

L'**arcade de Pavaglione** est une des promenades préférées des
Bolonais : profitez-en pour admirer ses boutiques… et son architecture.

Le **palazzo Comunale** (également nommé palazzo d'Accursio)
s'impose sur la place comme une forteresse. Sous les arcades reliant
les deux cours, passent presque tous les jeunes mariés en redescendant de la Sala Rossa voisine. Dans la seconde cour, se trouve une
copie du puits monumental du Terribilia (1568), dont l'original est
exposé dans la cour de la pinacothèque. Jetez-y une pièce, ça porte
bonheur…

Enfin, par le grand escalier, attribué à Bramante, vous accéderez, au premier étage, à la Sala d'Ercole (salle d'Hercule), puis au second étage, à la Sala Farnese.

A l'ouest, par la via IV Novembre, vous découvrirez la **piazza Roosevelt**.

Le **palazzo Montpensier** (actuelle préfecture) présente un bel exemple d'escalier monumental.

Vers la via Marsala (C2-D2)

Via Galliera : le **palazzo Aldrovandi** (à gauche de la via Marsala). Au nᵒ 47 de la via Marsala : les décors dans la cour témoignent à nouveau de l'importance des fresques.

A l'extrémité est de la via Marsala, en rejoignant la via Zamboni, vous parvenez piazza Rossini (D2) à l'**église San Giacomo Maggiore**, entre l'ex-couvent et les murs « dei Mille ». Connue comme celle des Bentivoglio, elle a conservé des éléments architecturaux d'origine (1267-1315) : façade, portail orné de lions et fenêtres gothiques. L'intérieur, remanié au XVᵉ siècle dans un style Renaissance, resplendit de chefs-d'œuvre. En sortant, accordez-vous une pause dans son jardin monastique.

Avant de vous engager dans la via Zamboni, vous pouvez aller admirer le **palais Fantuzzi**, 23 via S. Vitale : sa façade de grès et son grand escalier orné de statues vous surprendront…

La via Zamboni (D2-E2)

Aux nᵒˢ 14-16 et 20, de superbes **jardins botaniques** vous attendent (dont celui du palais Magnani). Ce dernier, qui aurait été réalisé par Domenico Tibaldi entre 1577 et 1587, abrite au premier étage de superbes fresques de Carrache illustrant la fondation de Rome.

Aux nᵒˢ 33 et 36 : la **cour de l'Université** (palais Poggi) symbolise à elle seule la culture cosmopolite du XVIᵉ siècle, née à Bologne. Ce somptueux ensemble témoigne de l'ascension de Giovanni Poggi, nommé cardinal en 1551.

Au bout de la via Zamboni, à la piazza di Porta S. Donato, vous pouvez prendre, à gauche, la via Irnerio : au nᵒ 42, se trouve le **jardin botanique du palais della Viola.** A cet emplacement se situaient les jardins d'agrément de Giovanni II Bentivoglio, réputés pour la profusion de violettes. Elles ont donné son nom à ce palais du XVe siècle, où vous pourrez voir des fresques de Prospero Fontana et Innocenzo di Imola.

La strada Maggiore (D3-E3)

Aux nos 22, 34, 44, 46 et 54 : les portes cochères cachent souvent des cours intérieures riches en exèdres, grottes et niches, statues, fontaines et puits, jardins lumineux et potagers. Là, dans ces cours élégantes, dont les plus riches reflètent le style de vie des XVe, XVIe, XVIIIe siècles, tout respire la calme intimité. Notez les paysages en trompe-l'œil, les fausses perspectives, les fresques qui ornent les murs des loges et des cours.

Au no 16, le **palais Isolani**, dont la façade fut réalisée par Torri en 1708, présente une superbe cour mais surtout un étonnant escalier hélicoïdal, dûs à Vignola.

Un peu plus loin, sur la piazza dei Servi, l'**église Santa Maria dei Servi** avec son jardin monastique. Elle renferme de magnifiques fresques, notamment de Vitale da Bologna (XIVe siècle).

Au no 45, le **palais Hercolani**, fin XVIIIe siècle, exemple parfait de palais sénatorial bolonais avec, dans la cour, un jardin « à l'anglaise ».

Au no 20 de la via Broccaindosso (en face du palais précédent) : jardin botanique.

Via Santo Stefano (D3-E4)

No 57, la **casa Zanelli** : son escalier vous surprendra par sa beauté inquiétante.

Nos 63, 119 : poussez ces portes cochères...

Plus loin, vers la piazza di Porta S. Stefano, les **jardins du conservatoire du Barracano**, institué en 1531. Les jeunes filles pauvres y étaient préparées à leur futur rôle d'épouse.

Vers la piazza di Porta San Mamolo (C4)

Au no 52 de la via d'Azeglio, l'**église San Procolo** mérite le déplacement pour son potager appelé « Jardin de la Maternité ».

Au sud de C4, après la porta S. Mamolo, l'**église San Michelle in Bosco** offre elle aussi un joli jardin.
Un peu plus loin :

La via Saragozza (B3)
Via Collegio di Spagna (entre la via Carbonesi et la via Saragozza), le **collège d'Espagne** présente un bel exemple de cour grandiose.

Bologne, une ville d'eaux

Il s'agit d'un des aspects les plus secrets de Bologne. Les Bolonais, fascinés eux-mêmes par cette présence souterraine de l'eau, en raffolent. Cours d'eau naturels et artificiels sillonnaient le sol et le sous-sol, dessinant une fine toile de dizaine de canaux.

Bologne n'a jamais été parcourue par un fleuve, mais elle était cependant riche en eaux. Le Reno, le Savena et le canal Navile apportaient l'eau potable et l'énergie motrice. Les canaux permettaient au Moyen Age (1185) le transport de marchandises de Ferrare à Venise, reliant Bologne à la mer et au Moyen-Orient. Là passaient la Route du sel, l'exportation de la soie et des produits agricoles. Les voies étaient navigables en toute saison.

Les canaux de la via Riva di Reno (A2-B2-C2) et de la via delle Moline (D2) alimentaient les fontaines, les moulins, lavaient les soies et les peaux.

Le Navile fut « navigable » jusqu'aux années 20. Il accueillit des « navigateurs » de marque : Lucrèce Borgia, Edouard Stuart, Napoléon… Le port fut ensuite décentré à Corticella, puis à Castelmaggiore (à l'est d'A2).

A la sega dell'acqua, carrefour des rues Riva di Reno et Marconi (B2), le Navile bifurquait au nord-ouest pour prendre le nom de Cavaticcio et à l'est, via Alessandrini (C2-D1).

Le long des rues della Grada et riva di Reno (A2-B2), où le canal courait entre deux murets de briques, régnaient les lavandières battant leurs linge sur les hautes marches à fleur d'eau. C'est l'une des facettes les plus secrètes et les plus magiques de la ville.

En 1956-1958, les derniers canaux à ciel ouvert disparaissent presque totalement ; ils forment désormais le cœur souterrain de la ville. Il reste peu de vestiges en plein air de ce réseau : le canal di Reno entre Casalecchio et la Certosa (à l'est d'A2), à la Grada (porta San Felice, A2) et caché derrière les façades méridionales des maisons des rues Falegnami, Righi (C2) et delle Moline (D2), et derrière celles, à l'ouest, des vie Alessandrini (C2-D1) et Pallone (D1), à côté de la Montagnola.

Vous pourrez voir le canal di Reno à trois lieux distincts, que nous vous invitons à découvrir :

Au début de la via Capo di Luca (D2), une courte rampe, à gauche, vous introduit dans une des atmosphères les plus singulières de la ville : le **canal di Reno** court là, entre deux rideaux de maisons dont les façades donnent sur la via Capo di Luca et sur la via Alessandrini. une petite cascade sert de fond musical aux descriptions picturales du Basoli (ses murs décrépis, ses plâtres écaillés, ses fenêtres asymétriques, ses corridors suspendus, ses balcons, les séchoirs bariolés de linge, les taches de géranium).

Le clou de ce parcours secret vous attend 16/a via Piella, à côté de la trattoria Serghei, où votre curiosité vous poussera à ouvrir un vieux volet de bois pour découvrir un canal bouillonnant.

Dans un autre quartier, celui de San Felice, vous pourrez voir le canal au pied d'une tour, flanqué d'un vieux moulin. Allez jusqu'à la porte San Felice, tournez à gauche sur le boulevard Vicini : à une centaine de mètres sur votre gauche se trouve la rue della Grada.

La ville aux enfants

Santé

Croix-Rouge ☎ 23 45 67.
Centre anti-poison ☎ 53 31 33.
Pharmacie de garde ☎ 192 (renseignements).
Centre de secours pour les violences sexuelles (*telefono azzuro*) ☎ 48 10 48.
Ospedale Maggiore. 2 largo Nigrisoli. ☎ 6 34 81 11.

Gardes d'enfants

Assessorato alle politiche sociali, sanità e sicurezza. 2 via dell'Indipendenza. ☎ 20 37 73.
Nombreux services d'aide aux familles, d'accueil d'enfants, d'espaces lecture, de centres de jeux, dans les différents quartiers de la ville.
Agences de baby-sitting
Baby Parking Sanna. Pour une heure ou plus : 15 via Emilia Levante. ☎ 624 09 96.
Kinder Haus. 7 V. Cino da Pistoia. ☎ 58 14 30.
Cooperativa Grandi Piccoli. 2 via Nosadella. ☎ 644 92 60.

Shopping

Libreria Giannino Stoppani. Piazza Maggiore.
Une très belle librairie de livres pour enfants, richement approvisionnée. Personnel accueillant. Edite également des livres, dont la version italienne de grands succès français.
Mega Kids. Via Marconi.
Large espace où l'on trouve vêtements, livres, jeux video, et même un espace jeux et une console d'informations utiles pour les enfants.

La Città del Sole. 17 strada Maggiore.

Grand éventail de jeux.

Benetton pour enfants. Via Rizzoli, au pied des Deux Tours.

Musées

Museo Archicivico Archeologico. 2 via dell'Archiginnasio (C3). ☎ 23 38 49. Dans le palais Galvani, édifice érigé aux XVe-XVIe siècles. Ouv. mar.-ven. 9h-14h, sam. dim. 9h-13h, 15h30-19h. Entrée : 5 000 L, tarif réduit (15-18 ans) 2 500 L, gratuit pour les moins de quinze ans.

L'un des plus importants musées archéologiques d'Italie, avec de riches collections de provenance locale et des collections sur l'art étrusque, grec, romain et égyptien. Le musée organise des visites à thème et des activités didactiques pour les enfants à partir de huit ans.

Museo Laboratorio Aldini-Valeriani. 9/11 via Bassanelli (hors plan). ☎ 33 32 50. Ouv. lun.-sam. 9h-13h, mer. 14h-16h30.

Modèles de machines, moteurs, instruments scientifiques, appareils de laboratoire, documents sur les activités de production à Bologne aux XIXe et XXe siècles, ainsi que sur l'antique industrie de la soie. Le musée organise des parcours didactiques et des visites guidées.

Museo Civico Medievale. 4 via Manzoni (C2). ☎ 22 89 12. Ouv. 9h-14h lun., mer., jeu., ven., sam. et jours fériés 9h-13h, 15h30-19h. Fermé mar. Entrée : 5 000 L.

Belle collection de sculptures du Moyen Age, des armes, bronzes… Le musée organise des visites guidées et des parcours.

Museo delle Navi. 33 via Zamboni (D2). ☎ 25 90 21. Dans le palais Poggi. Ouv. lun.-ven. 9h-17h, sam. 9h-13h. Fermé dim. et jours fériés. Entrée libre.

L'un des musées de la marine les plus intéressants au monde pour la bonne conservation des modèles. Visites organisées.

Activités organisées dans les écoles ou les crèches

Pour plus de renseignements, téléphonez aux services de la ville qui vous donneront la liste des lieux par quartiers : ☎ 20 37 73.

Il salotto delle fiabe (ex-scuola dell'infanzia « Villa May »). 13 via Panigale. ☎ 40 12 89.

Centre de jeux et espace lecture. Parcours de lecture, ateliers de construction. Entrée libre pour les enfants accompagnés.

Il mondo incantato. 29 via Selva di Pescarola. ☎ 634 51 94.

Espace lecture. Lecture et centre de prêt pour les jeunes enfants, animations libres. Ouvert aux enfants de deux à onze ans accompagnés.

Piccole Invenzioni (au nido « Patini »). 3 via Saliceto. ☎ 35 27 18.

Crèche et ludothèque pour enfants de zéro à trois ans. Accès à la ludothèque libre pour les enfants accompagnés.

JEUX ET LOISIRS

Parcs et jardins

Vos enfants pourront eux aussi s'ébaudir librement dans l'herbe.

Jardins Margherita (D4–E4)

Derrière la porte S. Stefano et la porte Castiglione, bus n°s 13, 17, 32, 33, 38, 39, 50, 96, 98. Le plus grand jardin de Bologne, agrémenté d'un point d'eau (canards), de cafés, de serres et de jeux pour enfants… Nombreux as du patin à roulettes. Ouv. 6h–24h l'été, 7h–18h l'hiver.

Villa Spada (A4)

Accès via Saragozza, bus n°s 20, 37, 94. Une villa avec un musée de la tapisserie, jeux pour enfants, statues en bronze, escaliers… Ouv. 7h30–22h l'été, 7h30–18h l'hiver.

Cavour et Minghetti (C3)

Accès via Farini. En plein centre ville, des bancs et de la verdure pour déguster son goûter dans un square paisible.

Villa delle Rose (A4)

Accès via Saragozza, bus n°s 20, 37B, 14. Elégante villa au milieu de la verdure, belle vue sur le quartier, jeux pour enfants, école élémentaire. Ouv. 6h-22h l'été, 7h-18h l'hiver.

San Michele in Bosco

Accès via Codivilla. Sur une des collines entourant Bologne, un espace vert au pied d'une église croquignolette, jeux pour enfants, belvédère (on domine toute la ville). Ouv. 6h-21h toute l'année.

Parc Melloni

Accès via Breventani, via F. Turati, bus n°s 14, 20, 21, 37, 38, 39, 89, 94. Exemple d'arboretum important avec des séquoias de Californie, aire de jeux pour enfants. Ouv. 6h-24h l'été, 7h-18h l'hiver.

Parco dei Cedri

Accès via Emilia Levante, viale Sergio Cavina, bus n°s 27B, 45, 94. Parc géré par le WWF (200 espèces d'arbres et d'arbustes typiques de la plaine), jeux pour enfants, parcours santé.

Villa Ghigi

Accès via Martucci, via di Gaibola, bus n°s 16, 52B, 52A. Ruines d'une poudrière, maison coloniale, parcours santé, villa Ghigi, équipements sportifs, cascade…

Prati di Mugnano

Situé hors de Bologne, on accède à ce parc de 110 ha en suivant la Porrettana et en prenant la via Vizzano à Ponte Marconi, ou alors en continuant jusqu'à Sasso Marconi et en prenant la via delle Gonzole au niveau du péage autoroutier. Bar-restaurant, une porcherie, des grottes et un belvédère.

Sport

Assessorato Sport, Servizi Sportivi Centrali (C2)

24 via Oberdan. ☎ 20 46 15.

Téléphoner pour avoir la liste de tous les centres sportifs par quartier.

Théâtre

Testoni Ragazzi, Centro teatro e arte per l'infanzia e la gioventù.
Géré par la coopérative La Baracca, ce théâtre de propriété municipale constitue le plus grand centre de théâtre pour la jeunesse en
Italie et l'un des plus importants en Europe. Subventionné par
l'Union européenne et les organismes publics italiens, ce centre
accueille et produit de nombreux spectacles de qualité.

Le Teatro Ragazzi propose une moyenne de six productions par
an, souvent tirées de fables ou de contes, plus une dizaine de spectacles de marionnettes, de recherche théâtrale ou de clowns pour
les petits à partir de trois ans. Le prix des séances, très raisonnable,
s'élève à 10 000 L pour les adultes et 8 000 L pour les enfants.
☎ 377 968.

Les ateliers pour enfants, animés par des professionnels du spectacle, se tiennent le samedi après-midi. Les enfants peignent et
sculptent en s'inspirant de grands artistes contemporains. Chaque
atelier se compose de quatre séances de deux heures et coûte
80 000 L.

La Baracca organise également des ateliers pour les adultes sur les
thèmes du regard et du toucher, ou pour aider les parents à satisfaire leurs enfants avides d'histoires (120 000 L par cycle de rencontres de trois heures).

Le Teatro Ragazzi est également pourvu d'un jardin d'hiver agrémenté de nombreux jeux pour enfants : entrée libre pour les
enfants et les parents pendant les heures d'ouverture du théâtre.

Escapades hors les murs

Porretta

> Au départ de Bologne, on peut consacrer une journée à
> cette excursion, agrémentée d'une fraîche soirée l'été pendant
> que les divers festivals battent leur plein.

A 59 km de Bologne, Porretta est une charmante petite ville située
dans un cadre naturel luxuriant. Habitée jadis par les Etrusques et
les Romains, elle conserve encore aujourd'hui des parcelles de vestiges
antiques. Mais on vient avant tout à Porretta pour prendre un
grand bol d'air pur. C'est l'occasion de découvrir un paysage différent
de celui de la plaine émilienne : la naissance des Apennins
offre des reliefs souples et réguliers dans une nature verdoyante.
Les sommets atteignent ici 2 000 m, dans un territoire encore
royaume du lièvre, du pic rouge, du hêtre et de la framboise. A la
beauté de la haute montagne, Porretta unit en outre un climat
doux et un air très sain. Les lacs et les rivières sont également des
éléments essentiels du paysage. L'eau qui jaillit des sources, riche
en substances curatives précieuses, était exploitée comme médicament
naturel et traitement de beauté dès l'époque romaine.
Renseignements (office du tourisme). 11 piazza Libertà.
☎ 0534/ 22 02 1.

Visites

On raconte qu'un bœuf, trop malade pour continuer à travailler,
fut un jour relâché par son maître. Errant dans la zone de Porretta,
il s'abreuva à des sources miraculeuses et revint quelque temps plus
tard chez son maître en excellente santé. C'est grâce à lui, dit-on,
que l'on découvrit les vertus thérapeutiques des eaux de Porretta et
que cette petite ville devint célèbre. Dès le XVIe siècle, Lorenzo le
Magnifique et Mantegna s'y rendaient pour se soigner aux bains,
déjà si renommés à cette époque que Machiavel les citait dans sa
célèbre *Mandragola*. Précédé par de telles personnalités, vous pouvez
donc en toute quiétude vous offrir des soins curatifs ou simplement
esthétiques pour vous *tirare su* (vous remonter le moral,
d'où le célèbre dessert italien *tiramisù*) et repartir bon pied bon œil
sur les sentiers montagneux.

Promenades

Le centre de Porretta ainsi que ses alentours offrent la possibilité de quelques visites d'églises et de constructions typiques de l'histoire de la montagne qui méritent d'être redécouverts. L'église paroissiale de Santa Maria Maddalena, qui conserve un crucifix du XVIIe siècle et un tableau d'un élève des Carracci, le couvent des Capucins et le sanctuaire de la Madonna del Ponte comptent parmi ces promenades courtes et agréables.

A 3 km de Porretta, on trouve Camugnano, avec une église paroissiale du XIIIe siècle et un oratoire du XVIe siècle.

Mais le véritable joyau des environs est le village médiéval de Castelluccio, qui domine un panorama magnifique d'une arête à 6 km de Porretta. Le village tient son nom d'un vieux château médiéval détruit mais dont on devine encore l'architecture typique à voûtes ainsi que les jardins en terrasses.

Non loin, on peut en outre admirer l'église de Santa Maria Assunta (XVIIe siècle) et un élégant château du siècle dernier. Le Borgo Capanne, à 7 km environ de Porretta, avec sa disposition et les caractéristiques architectoniques de ses vieilles fortifications, est lui aussi d'origine médiévale. Vous pourrez également y faire une halte gourmande, à la trattoria La Volta (voir ci-dessous).

Outre ces parcours proches du centre de Porretta, on peut s'offrir des promenades en pleine nature qui permettent de jouir de paysages uniques.

Rendez-vous au sanctuaire de la Madonna del Faggio. Cette construction rustique se trouve dans un paysage naturel splendide. Pour des promenades plus longues, il est possible de s'arrêter et de se délecter de la cuisine des refuges et des petits points de restauration de montagne, qui pourront ainsi se transformer en destinations gourmandes. Le refuge Duca degli Abruzzi, au lac Scaffaiolo, propose une cuisine typique de qualité (ouv. du 1er juillet au 30 septembre, et les sam., dim. et jours fériés le reste de l'année, sauf novembre).

Les lacs et cours d'eau qui abondent dans la région donnent l'occasion de belles promenades et de pique-niques : le lac Pratignano et le lac Scaffaiolo, respectivement à 1 300 m et 1 750 m d'altitude, ainsi que le grand lac artificiel de Suviana, sont facilement accessibles au terme d'un bref parcours en voiture. Une fois sur place, il est possible de louer de petits bateaux ou des planches à voile. Dans les lacs et les nombreux torrents qui partent du Reno, on pratique aussi la pêche et l'on trouve de nombreux poissons de choix. L'hiver, les mêmes parcours se transforment en pistes de ski de fond, dans un cadre véritablement enchanteur. Pour ceux qui préfèrent le ski alpin et le sport de haute altitude, Porretta est un point de départ idéal vers les pistes renommées du Corno alle Scale. Les pentes jouissent d'un enneigement record pendant plusieurs mois de l'année et offrent 36 km de descentes bien équipées, pour tous publics.

Les divertissements

Les soirs d'été, Porretta offre aussi un panel varié d'activités culturelles et artistiques. Les manifestations en plein air fleurissent un peu partout, des chœurs des fanfares au Festival de chœurs traditionnels, qui viennent de toute l'Italie, des représentations théâtrales aux nombreux concerts et ballets. Le Festival de musique classique, l'un des événements les plus suivis, propose chaque année des interprètes de niveau international. De nombreuses soirées dansantes, des fêtes à thèmes ou des compétitions sportives sont également organisées pendant la période estivale. L'été, le soir venu, on quitte les villes surchauffées de la plaine pour aller goûter la fraîcheur de Porretta.

Tous les ans, assis au milieu des prés, on assiste au Festival de musique blues, qui accueille des artistes de renommée internationale. Lors de votre passage, adressez-vous à l'office du tourisme local (ou à celui de Bologne ☎ 239660) pour le programme des diverses manifestations.

Se loger à Porretta

★★★ **Santoli.** Un hôtel moderne et élégant. Cures thermales à domicile, salles de réunion et restaurant agréable. Situé 3 via Roma. ☎ 0534/ 23206. 110 000-170 000 L. Garage et parking.
★★★ **Sassocardo.** Sur un site tranquille, cet hôtel offre une vue

panoramique et des installations thermales privées. Il se trouve 2 via della Piscina. ☎ 23074. 105 000 - 170 000 L.

Se restaurer à Porretta

N'oubliez pas de goûter la cuisine authentique de Porretta, qui vous tiendra chaud au corps lors de vos randonnées. Dans cette petite ville de montagne, il est possible de redécouvrir beaucoup de saveurs qui ont peu à peu disparu de nos tables citadines. On y trouve avant tout les produits des bois, dont la reine est sans aucun doute la truffe. Renommée parmi les plus prestigieuses d'Italie, la truffe de Porretta est excellente. Les champignons sauvages que l'on peut acquérir dans les riches champignonnières de montagne ou dans les magasins de fruits et légumes, frais ou desséchés, représentent un mets de choix pour un prix plus modeste. Les baies sauvages et parfumées accompagnent les rôtis et garnissent des desserts rustiques ou raffinés. Les pignons de pin et les marrons, fruits de base de l'alimentation montagnarde, apportent une saveur caractéristique à tous les plats.

A Borgo Capanne, à 3 km du centre de Porretta

Arrêtez-vous à la trattoria **La Volta**, strada communale delle Pieve (☎ 60401). Fermé lun. et mar. Ambiance rustique et cuisine traditionnelle pour une gastronomie authentiquement montagnarde (40 000-50 000 L).

Imola

Excursion d'une journée ou d'une demi-journée.

Imola se trouve à 34 km au sud-est de Bologne, 32 km par l'autoroute. On pense que son nom provient d'un mot latin, *Imulae*, qui signifie « là-bas ». Un nom qui décrit bien la sensation que la ville produit encore aujourd'hui lorsqu'on la regarde des collines voisines et qu'on la voit au loin, là-bas. On y découvre les traces de l'ancien camp romain, le croisement des routes rectilignes au centre de la ville, autour duquel se développe la trame des ruelles médiévales jusqu'à l'enceinte des murs.

La ville conserve encore aujourd'hui des signes de sa splendeur passée, des architectures témoins d'une histoire millénaire. Vous rencontrerez au cours de votre visite l'imposant château des Sforza, de nombreux palais Renaissance et des maisons du XVIIIe siècle. Aujourd'hui, Imola est non seulement un centre d'art et d'histoire antique pittoresque, mais également un centre vivant de culture et d'économie de la région, une ville émilienne dynamique pourvue de tous les services d'une ville moyenne. Tout comme ses voisines émiliennes, Imola a su par ailleurs développer un art œno-gastronomique de tout première qualité que vous êtes invité à déguster. Enfin, Imola est réputée dans le monde entier pour la Formule 1 et pour son autodrome, temple de la passion romagnole des sports motorisés.

Renseignements. 16 via Mazzini. ☎ 0542/ 27360.

L'office du tourisme de la ville est actuellement en plein déménagement.

Visites

Même si on y a retrouvé des vestiges de l'époque romaine, Imola tire surtout sa richesse des monuments médiévaux et Renaissance du centre ville. Vous pouvez commencer par vous imprégner d'histoire imolaise en remarquant les diverses maisons et palais qui marquent les étapes architecturales de la ville. Le palais Pighini, dans la via Appia, en plein centre, bel exemple de maison médiévale, date de 1200, époque à laquelle remontent également l'église et le couvent Saint-Dominique (via Cavour, via Quarto, via Orsini). Tout près, se trouve également l'ex-église Saint-François, aujourd'hui théâtre communal, que Vasari définissait comme « temple gothique superbe » et qui conserve de remarquables traces de sa structure d'origine du XIVe siècle. Notez aussi les maisons médiévales sur la jolie place de l'horloge (piazza Caduti per la Libertà) et enfin le palais Sersanti sur la grande place centrale (Matteotti).

En face, le palais de l'hôtel de ville, ouvert aux visiteurs, laisse deviner ses structures d'origine des XIIe et XIVe siècles, malgré quelques remaniements. Lorsque vous entrez, remarquez la salle du conseil municipal et les salles de représentation, surtout celle des mariages.

La cathédrale mérite également la visite (piazza Duomo). Consacrée à San Cassiano, elle a été entièrement refaite en 1700. L'église Santa Maria in Regola, restructurée elle aussi en style baroque, conserve un autel byzantin et un très beau clocher circulaire.

Vous pourrez ensuite aborder les monuments plus prestigieux de la ville. La bibliothèque municipale contient une fabuleuse collection de manuscrits. 380 000 volumes sont accessibles au public. Ne manquez pas non plus le Musée archéologique, le musée d'Histoire naturelle et le musée du Risorgimento.

Dans le complexe voisin se trouve la pinacothèque municipale, où on peut voir des œuvres retraçant l'histoire picturale de la région, des fresques du XVe siècle d'une fraîcheur remarquable, ainsi qu'une collection contemporaine. Les Carracci et Guido Reni sont représentés au milieu d'artistes imolais.

Le palais Tozzoni fut édifié au début du XVIIIe siècle à partir des précédentes résidences d'une riche famille toscane. Malgré la diversité des époques de construction, ce palais représente un exemple extrêmement cohérent du baroque tardif bolonais. Le palais Tozzoni, également digne d'intérêt, renferme une collection d'art (170 toiles).

Vous arrivez enfin au château des Sforza, splendide exemple d'architecture militaire moyenâgeuse et Renaissance, qui constituera le clou de votre visite à Imola (piazza Giovanni delle Bande Nere. ☎ 0542/ 23 47 2). A partir de 1440 environ, quand il passa sous la domination de Giangaleazzo Sforza, duc de Milan, l'édifice commença à prendre l'aspect Renaissance qu'on lui connaît aujourd'hui. Ensuite, Léonard de Vinci y porta sa touche personnelle sous Cesare Borgia ; le plan qu'il dessina reste le seul exemple topographique du travail du peintre. Abandonné puis restauré, il a retrouvé aujourd'hui toute sa splendeur.

Entre deux visites de monuments, prévoyez une halte dans l'un des parcs de la ville pour vous délasser en toute liberté et jouir du bon air pur, loin de la forteresse humide du château. Le Parco delle Acque Minerale (Parc des eaux minérales), véritable poumon d'Imola, s'est développé autour de la source d'eau minérale découverte au siècle dernier ; de nombreux oiseaux y ont élu domicile. On y trouve également un échantillon varié d'arbres de la région.

Les divertissements

Les Imolais organisent des manifestations culturelles de qualité, tels le Festival de jazz ou les saisons de théâtre de prose, qui sont accueillis au théâtre Communal, et les concerts de musique classique programmés par une association dynamique.

L'événement le plus célèbre organisé à Imola est pourtant d'un tout autre genre puisqu'il s'agit de courses de Formule 1 qui se disputent sur l'autodrome Dini et Enzo Ferrari. Les passionnés accourent du monde entier pour assister à ces rencontres sportives dédiées à l'un des plus grands génies de l'automobile. Imola se métamorphose alors. Atteinte d'une fièvre qui la fait vibrer corps et âme, elle vit au rythme des vrombissements et de la vitesse infernale.

Se loger à Imola

Afin d'accueillir tous les visiteurs, hommes d'affaires ou touristes en transit ou en séjour plus long, Imola a développé des structures hôtelières modernes et efficaces.

**** **G.H. Donatello.** 25 via Rossini. ☎ 680800. 150 chambres. 200 000-280 000 L.

*** **Ziò.** 14 via Nardozzi. ☎ 35274. Meublé. 34 chambres. Comptez 75 000 L (1 personne), 110 000-130 000 L, prix majorés pendant les foires. Bon restaurant.

Se restaurer à Imola

Au cours de votre escapade, n'hésitez pas à profiter de la savoureuse cuisine imolaise. En flânant dans les rues marchandes, vous rencontrerez sur votre chemin de nombreuses trattorie où vous pourrez vous sustenter d'une savoureuse cuisine à un prix tout à fait abordable. Tout comme sa gourmande voisine bolonaise, Imola est réputée pour sa cuisine romagnole traditionnelle riche en pâtes fraîches garnies de sauces à la viande, en charcuteries et viandes grillées sur la braise. A noter : les vins du terroir également renommés, tel le sangiovese d'Imola, un vin rouge rubis fruité accompagnant parfaitement les viandes typiques de la région.

★★★ San Domenico. 1 via Sacchi. ☎ 29000. Fermé le lun. (et le dim. en juillet-août). 95 000-150 000 L. Le midi, il existe un menu à 50 000 L (très bonne assiette des desserts ! Mais si possible préférez la carte). Cadre recherché et décoration artistique de goût, service raffiné et très bon accueil. La salle de dégustation donne sur l'extraordinaire cave de la famille. Cuisine inventive à la hauteur du cadre, inspirée des recettes anciennes des nobles familles italiennes. Délicieux jardin d'hiver.

E. Parlaminté. 33 via Mameli. ☎ 30144. Fermé le jeu. et en août. 30 000-45 000 L. Ancienne osteria typique du centre historique, c'est aujourd'hui une trattoria familiale où on déguste une bonne cuisine du terroir.

★★ Denis Ziò. 14 via Nardozzi. ☎ 35274 Fermé le sam. 35 000-50 000 L. Vaste salle de type traditionnel, elle sert de restaurant à l'hôtel Ziò. On y déguste une cuisine romagnole arrosée de bons vins locaux.

Ferrare

On peut rejoindre Ferrare par le train, sur la ligne Bologne-Venise ou à partir de Ravenne.

Pour arriver dans le centre ville à partir de la gare, prenez à gauche, suivez la via della Costituzione, puis le viale Cavour. Comptez environ 1,5 km. Le bus n⁰ 9 vous y conduira.

« La maison de l'Arioste, la prison du Tasso, une antique cathédrale gothique extraordinairement belle, plus une myriade d'églises constituent le charme captivant de Ferrare. » C'est ainsi que Dickens dépeignit la ville lors de son passage à Ferrare en 1884.

Située à 47 km au nord de Bologne, Ferrare déploie ses maisons de brique rose savamment rangées selon un plan pratiquement

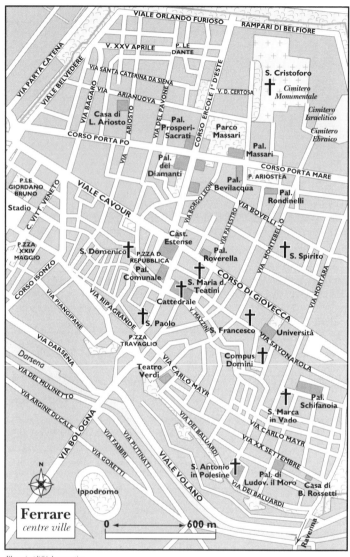

VIALE ORLANDO FURIOSO
RAMPARI DI BELFIORE
V. XXV APRILE
P.LE DANTE
VIA PARTA CATENA
VIALE BELVEDERE
VIA BAGARO
VIA SANTA CATERINA DA SIENA
VIA ARIANUOVA
S. Cristoforo
Cimitero Monumentale
VIA D. CERTOSA
CORSO ERCOLE Iº D'ESTE
Cimitero Israelitico
Casa di L. Ariosto
VIA ARIOSTO
VIA DEL PAVONE
Pal. Prosperi-Sacrati
Cimitero Ebraico
CORSO PORTA PO
Parco Massari
Pal. dei Diamanti
Pal. Massari
CORSO PORTA MARE
P. ARIOSTEA
VIA BORGOLEONI
Pal. Bevilacqua
P.LE GIORDANO BRUNO
VIALE CAVOUR
Pal. Rondinelli
Stadio
C. VITT. VENETO
VIA VENETO
VIA PALESTRO
VIA BOVELLO
P.ZZA XXIV MAGGIO
Cast. Estense
VIA MONTEBELLO
S. Spirito
CORSO ISONZO
S. Domenico
P.ZZA D. REPUBBLICA
Pal. Roverella
VIA MORTARA
Pal Comunale
S. Maria d. Teatini
CORSO DI GIOVECCA
VIA RIPAGRANDE
VIA PIANGIPANE
Cattedrale
V. MAZZINI
S. Paolo
S. Francesco
Università
P.ZZA TRAVAGLIO
VIA SAVONAROLA
VIA DARSENA
Darsena
Teatro Verdi
Compus Domini
VIA DEL MULINETTO
VIA CARLO MAYR
VIA ARGINE DUCALE
S. Marca in Vado
Pal. Schifanoia
VIA DEI BALUARDI
VIA CARLO MAYR
VIA BOLOGNA
VIA FABBRI
VIA PUTINATI
VIA GORETTI
VIA XX SETTEMBRE
N
S. Antonio in Polesine
VIALE VOLANO
Pal. di Ludov. il Moro
Casa di B. Rossetti
Ippodromo
VIA DEI BALUARDI
Ravenna

Ferrare
centre ville

0 ◀━━━▶ 600 m

Plan simplifié du quartier

inchangé depuis la Renaissance. Première ville moderne d'Europe pour son urbanisation raisonnée dès le XVᵉ siècle, Ferrare était en outre une capitale humaniste et artistique où les ducs mécènes d'Este entretenaient les architectes et les peintres les plus doués du moment (de Pisanello à Mantegna, de Piero della Francesca à Alberti). Depuis lors, Ferrare a gardé un charme puissant qui frappe toujours artistes et simples visiteurs. Ville d'origine d'Antonioni, les perspectives particulières de ses rues pluriséculaires, les angles des maisons ou les lignes géométriques des pavés ont profondément inspiré le cinéaste, qui a longuement filmé ces extérieurs comme le miroir de l'âme de ses personnages.

Cette ville a aussi fortement influencé l'œuvre de De Chirico, qui dessine les rues étroites et les places désertes baignant dans une atmosphère de nostalgie secrète encore aujourd'hui fascinante.

Le majestueux château de cette ville-musée, signe de la grandeur de la cour des Este, et le charme puissant émanant des fastueux palais et des places aux perspectives surprenantes envoûtent immanquablement le visiteur au fil de ses promenades.

Située au cœur d'une riche terre agricole, cette ville moyenne de 150 000 habitants a également connu un développement industriel important et s'affirme aujourd'hui comme la capitale européenne des fruits.

Associazione di Promozione Turistica. 19 piazza Municipale, cour du palais Municipale. ☎ 0532/ 350 17.

Castello Estense. ☎ 0532/ 482 80.

Office du tourisme. 19 piazza Municipale, en face de la cathédrale. ☎ 20 93 70.

Visites

Le château Estense. Ferrare la silencieuse, placidement blottie au cœur de son enceinte qui semble l'isoler plus que la protéger, est dominée par la masse puissante mais harmonieuse du château Estense. Construit sur un plan carré, rythmé par quatre tours massives, il s'impose par sa perspective particulière dès le premier regard et offre un exemple peu banal de la fusion d'une architecture militaire médiévale avec les formes classiques de l'architecture civile du XVIe siècle. Lorsqu'on entre par l'impressionnant pont-levis, on débouche sur une cour intérieure du XVe siècle au plan architectural intact. Plusieurs salles aménagées du château accueillent le public. Vous pourrez admirer les fresques exécutées par Bastianino, puis le Salone dei Giochi, où se trouvent d'intéressantes fresques de Filippi consacrées aux différentes disciplines athlétiques et empreintes d'un grand réalisme. Dans la pièce voisine, les *Saisons* au plafond flattent agréablement l'œil par leurs couleurs délicates. Les fresques de la chambre des Bacchanales représentant les *Vendanges* et le *Triomphe de Bacchus* sont également dignes d'intérêt.

Au terme d'un escalier de pierre, vous arriverez dans la sobre chapelle de Renée de France, femme de Ercole II d'Este et fervente calviniste (c'est l'une des rares chapelles protestantes qui aient échappé à la Contre-Réforme). Les prisons souterraines, accessibles par des escaliers étroits et des passages tortueux, rappellent la tragique histoire d'amour racontée par Byron entre Parisina Malatesta, femme de Niccolò III, et son beau-fils Ugo, incarcéré avant d'être décapité. Une fois descendus, à demi pliés en deux, dans ces cellules morbides au plafond bas, vous aurez tout loisir d'imaginer la vie des prisonniers de l'époque : claustrophobes s'abstenir !

Ouv. 9h30-12h30, 15h-18h ou 14h-17h de septembre à mars, fermé lun.

En revenant à l'air libre, contournez le château : derrière les tours massives s'élève l'une des plus belles cathédrales du nord de l'Italie. Edifiée entre le XIIe et le XIVe siècle, elle doit son charme à sa façade composée de plusieurs rangs de colonnettes qui se déclinent en une harmonie subtile de marbres roses et blancs, de formes lisses ou torsadées. Elle fait ainsi la synthèse du style roman le plus sobre et des trouvailles plastiques et ornementales les plus précieuses du gothique. On remarque également les intéressantes sculptures du portail central (1135). Sur le côté droit, caché sur la partie inférieure par une rangée d'arcades qui abritent une galerie marchande du XVe siècle (appelée Loggia dei Merciai), s'élève le majestueux campanile de marbre de style Renaissance (1451-1596), construit selon toute probabilité d'après les dessins de Leon Battista Alberti. L'intérieur, transformé au XVIIIe siècle et décoré à la fin du XIXe siècle, contient des œuvres de Garofalo, du Guerchin, de Francia et du Bastianino (fresque du *Jugement universel* dans l'abside), et deux statues de bronze du XVe siècle exécutées par Paris. A l'intérieur de la cathédrale, à l'étage, ne manquez pas le petit musée où l'on trouve des œuvres de grande qualité, dont l'*Annonciation* et *Saint Georges tuant le dragon*, deux toiles imposantes de Cosmè Tura, l'un des plus grands peintres ferrarais, qui a signé ici deux chefs-d'œuvre à l'atmosphère étrange et à forte intensité dramatique. On peut aussi y admirer des sculptures de Iacopo della Quercia, huit tapisseries du XVIe siècle et quelques faïences de la fin du XIIe siècle où sont représentés les différents mois de l'année. Ouv. 10h-12h, 15h-17h. Entrée libre, mais il est conseillé de laisser un pourboire… Vous avez bien mérité une halte au *Leon d'Oro* : deux gorgées de chocolat, un mini-baba au rhum et vous voilà reparti !

Pour continuer la visite de la ville, empruntez d'abord le corso di Giovecca, l'une des plus belles rues de la cité, l'une des plus fréquentées aussi, qui remonte à l'époque du vaste aménagement urbanistique, débuté sous Ercule I, conçu et réalisé par Biagio Rossetti à partir de 1492. Là se trouvent la chiesa dei Teatini, édifiée au XVe siècle (au troisième autel à gauche, voir la *Présentation au Temple* du Guerchin), et de nombreux palais remarquables, dont la Palazzina di Malfresa de 1559 (ouv. 9h-12h30, 15h-18h d'octobre à mars), qui fut la demeure de Marfisa d'Este et dont on peut visiter les belles salles aux plafonds décorés de peintures grotesques des Filippi.

Tout près, la via Savonarola est la rue des nobles du début de la Renaissance ferraraise. On peut distinguer au n° 9 le Palazzo Pareschi, appelé aussi Renée-de-France du nom de celle qui y habita. C'est maintenant le siège de l'université. Au n° 30, la Casa Romei (ouv. 8h30-12h30, 15h-18h30 d'octobre à avril, fermé le lun.), habitation seigneuriale typique du XVe siècle, renferme diverses salles décorées de fresques.

Le palazzo. En prenant ensuite sur la droite, au milieu d'un dédale de petites rues, on arrive enfin au **palais Schifanoia**, autre clou de Ferrare. Comme son nom l'indique (« A bas l'ennui ! »), ce monument était consacré aux plaisirs et aux divertissements. Edifié au XIVᵉ siècle, il fut remanié lors des grands bouleversements urbains par Biagio Rossetti, qui en fit le premier grand exemple d'architecture Renaissance de Ferrare. Le palais présente un majestueux portail de marbre qui s'ouvre sur l'extraordinaire et immense Sala dei Mesi, où l'on peut admirer de splendides fresques sur les quatre murs. Bien qu'une partie soit fortement endommagée, deux murs peints par divers artistes de l'école ferraraise du XVᵉ siècle, sous la direction de Cosmè Tura, laissent imaginer le faste de la cour des Este à cette époque en offrant un témoignage unique sur les costumes et le mode de vie ducaux. Les fresques sont divisées en trois bandes horizontales : celle du bas raconte la vie de Borso d'Este, celle du milieu fait référence à l'astrologie et la bande supérieure à la mythologie. Ces trois bandes interagissent de façon très complexe et créent un langage mystérieux ; les harmonies de couleurs se répondent, des traits délicats animent les visages : peu de fresques possèdent un charme aussi envoûtant.

Un peu plus loin, à l'angle de la via XX Settembre et de la via Poret d'Amore, se dresse le **palais de Ludovic Le More**, majestueux édifice de la Renaissance qui abrite aujourd'hui un important musée archéologique, et notamment une collection de vases athéniens provenant de la nécropole de Spina (Vᵉ-IVᵉ siècles av. J.-C.). La cour intérieure est splendide et, dans une salle du rez-de-chaussée, on peut contempler des fresques de Garofalo (XVIᵉ siècle).

En sortant du palais, ne manquez pas l'ensemble Sant'Antonio in Polesine, situé dans l'une des zones les plus pittoresques de la vieille Ferrare. Formé d'un couvent et d'une église dont trois chapelles sont ornées de fresques religieuses (XIVᵉ-XVᵉ siècles) du Nord de l'Italie, il représente un bel ensemble architectural. Ouv. 9h-11h30, 15h-17h lun.-ven.

Allez ensuite flâner du côté de la via delle Volte. Au milieu d'un dédale de rues tranquilles et tortueuses, elle offre un exemple de ruelle intacte depuis le Moyen Age. La via Savonarola est également très intéressante et dévoile à l'œil attentif nombre de détails attachants. Les arcades que l'on rencontre un peu partout servaient de passages entre les différentes maisons et forment aujourd'hui des perspectives insolites. Perdez-vous, le temps de vous imprégner de l'atmosphère toute particulière qui règne dans ces rues désertes. Laissez-vous porter par votre imagination et vous glisserez aisément cinq siècles en arrière.

Vous pourrez ensuite revenir dans des zones plus fréquentées et également intéressantes en longeant la via Ercole I d'Este, artère principale de la fameuse réorganisation urbaine. Cette rue est bordée de toutes parts de magnifiques palais rouges, jaunes et ocre du XVe siècle, qui se dressent fièrement, rivalisant d'élégance, sur 1 km. On notera plus spécialement le palais Turchi-Bagno et le palais Prosperi Sacrati, célèbre pour le fastueux portail des Sacrati (« consacrés »), son balcon de marbre et ses *putti* angéliques.

Le **palais dei Diamanti** (XVe-XVIe siècles), pourtant, surpasse tous les autres par la finesse et l'originalité de sa façade. Toute de marbre blanc, elle se dresse, hérissée de pointes de diamants régulières et animée par les jeux subtils des ombres et du soleil. C'est l'un des chefs-d'œuvre de Biaggio Rossetti, qui utilisa plus de 12 500 blocs de marbre pour le réaliser. Malgré les apparences, toutes les pointes de diamants ne sont pas égales, celles du bas étant légèrement tournées vers le bas, tandis que celles du haut s'élèvent vers le ciel, le tout produisant des effets d'optique saisissants. Aujourd'hui, ce palais abrite une pinacothèque, où l'on trouve essentiellement une importante collection d'œuvres de la Renaissance émilienne et ferraraise des XVe et XVIe siècles. La pinacothèque possède également des fresques et quelques toiles Renaissance remarquables. Parmi les artistes, on trouve des peintres tels que de'Roberti, Cosmè Tura, del Dossi, Garofalo ; on note en outre un Mantegna (*Crist con animula della Vergine*), une *Madonne à l'Enfant* de Gentile da Fabriano, une *Adoration des Mages* de Giovanni Bellini et le merveilleux *Transito della Vergine* de Carpaccio. Ouv. 9h-14h, jours fériés 9h-13h, fermée le lun.

Le rez-de-chaussée abrite la galerie municipale d'Art moderne (ouv. 9h30-13h, 15h-18h30, l'été 16h-19h), où sont organisées d'importantes expositions temporaires et qui renferme aussi une riche documentation sur quelques grands maîtres de la peinture ferraraise.

Promenades

En suivant le corso porta Mare, on arrive à la piazza Ariostea, entourée d'enceintes remarquables et de palais Renaissance, notamment le palais Rondinelli au n° 10 et le palais Bevilacqua au n° 11. On peut s'y reposer à l'ombre des arbres et jouir de la fraîcheur du lieu avant de repartir vers les cimetières, qui valent aussi le coup d'œil. En remontant vers le nord et en suivant la via Borso à partir de la piazza Ariostea, on arrive au cimetière de la Certosa. A l'origine, c'était une chartreuse du XVe siècle, transformée au XIXe siècle en cimetière. Dans l'aile droite se trouvent les tombes les plus anciennes, abritées dans de grandes salles secrètes ou de petites cours aménagées pour la circonstance. Allez jeter un coup d'œil au passage à l'église San Cristoforo alla Certosa. Construite sur des plans de Rossetti, elle renferme des retables, peintures et autres détails architecturaux intéressants. Un peu plus à l'est, abrité par les remparts de la ville, se blottit le cimetière juif. Il faut demander à la gardienne la permission d'entrer pour voir la tombe des Finzi-Contini, lieu de culte pour touristes depuis le célèbre film…

Pour parachever la visite de la ville, vous pourrez faire un tour à la maison de l'Arioste, où le célèbre poète auteur de l'*Orlando Furioso* cultivait ses roses. Les services culturels de la ville occupent aujourd'hui la sobre maison.

Se loger à Ferrare

**** Duchessa Isabella. Pour les occasions spéciales, offrez-vous le luxe d'une demeure du XVIe siècle ornée de fresques et de plafonds à caissons, et aménagée avec du mobilier d'époque. Vous pourrez aussi goûter la quiétude du parc intérieur. 70 via Palestro. ☎ 0532/ 202121. Parking. Fermé en août. 250 000-430 000 L.

*** Hotel Astra. Situé dans le centre commercial de la ville, un hôtel de bon ton avec des chambres décorées dans des styles variés et des salons élégants. Restaurant. 55 viale Cavour. ☎ 0532/ 206088.

*** Hotel Carlton. 93 via Garibaldi. ☎ 0532/ 211130.

** Hotel Nazionale. En plein centre, bon accueil. Simple mais soigné. 32 Corso Porta Reno. ☎ 20 96 04.

Se restaurer à Ferrare

Ferrare a la chance de se trouver au milieu de plaines fertiles, non loin de la mer et à deux pas du Pô… Profitez-en ! Ici, le poisson d'eau douce côtoie avec bonheur le porc tendre et les effluves des fruits de mer se marient divinement avec les vins blancs délicats des vignes alentour. Mettez vos papilles en fête avec les anguilles braisées accompagnées de polenta, les pâtes aux fleurs de courgettes, le bœuf nappé de sauce au vin rouge, et n'oubliez pas les desserts épicés aux fruits.

**** Duchessa Isabella. 68 via Palestro. ☎ 20 21 21. Fermé le lun. et en août. Excellente cuisine locale inspirée des recettes de la Renaissance. Raviolis verts au roquefort et aux amandes, poissons raffinés au grill, viande de porc avec des sauces inventives et, pour couronner le tout, un plateau de desserts maison. Le paradis des gourmands ! Vous pourrez aussi choisir un menu de dégustation original pour la somme de 75 000 à 95 000 L.

** Quel Fantastico Giovedi. 9 via Castelnuovo. ☎ 0532/ 760570. Fermé le mer. et de mi-juillet à mi-août. Un bar-restaurant « à la française », dans le bon sens du terme, comme disent les Italiens. Crevettes à la vapeur sauce yaourt et concombre, petites seiches sauce piquante, pâtes aux courgettes et au safran ou encore quelque poisson tout frais mariné au citron, salades et viandes crues. Un grand choix pour vous restaurer sainement en gardant la ligne. Vins de choix. Autour de 50 000 L.

Trattoria Antica il Cucco. 3 via Voltacasotto (près du palais Schifanoia). ☎ 760026. Cadre agréable, cuisine savoureuse et sans prétention. Vous pourrez vous rassasier de pâtes fraîches et de viande tendre pour une somme très raisonnable. Une authentique trattoria comme on les aime.

Pour grignoter et boire un verre

Al Brindisi. 11 via degli Adelardi. ☎ 20 91 42. Grand choix de vins, tous excellents, à savourer avec la charcuterie locale. Jazz en fond musical.

Pâtisserie

Leon d'Oro. Sur la place entre le château et la cathédrale. ☎ 209318. Excellentes pâtisseries à déguster en terrasse si le temps le permet.

Parme

Le charme de cette ville mérite une visite d'au moins une journée.

N'oubliez pas, avant de partir, de la découvrir à travers l'œil de B. Bertolucci (*Prima della Revoluzione* ; *La strategia del ragno* ; *1900*) et à travers Stendhal et Verdi (« la petite capitale d'autrefois »).

On peut s'y rendre en train : de Bologne, comptez environ une heure quinze de trajet. De nombreuses liaisons ferroviaires fonctionnent également au départ de Ferrare, de Ravenne, etc. La gare est située à quinze minutes du centre ville.

Bus n°s 1, 8, 9, 12.

Située à 90 km de Bologne, Parme, aux nuances blé paille ou ocre doré, se dresse au milieu de la riche campagne romagnole. Siège d'un duché indépendant pendant trois siècles grâce à la puissante famille Farnèse, élevée au rang de capitale artistique sous Maria Luigia d'Asburgo, Parme a conservé la distinction d'une ville noble et précieuse. Il flotte dans la rue un « je-ne-sais-quoi d'aristocratique », orgueil dérisoire d'une puissance passée revendiquée par la bourgeoisie d'aujourd'hui.

Les Parmesans apprécient la bonne chère et font preuve d'un solide coup de fourchette pour déguster la charcuterie locale et le fromage unique, célèbres dans le monde entier.

Réputée pour sa gastronomie, sa musique, sa culture et aussi ses parfums, Parme est sans doute l'une des villes les plus raffinées de

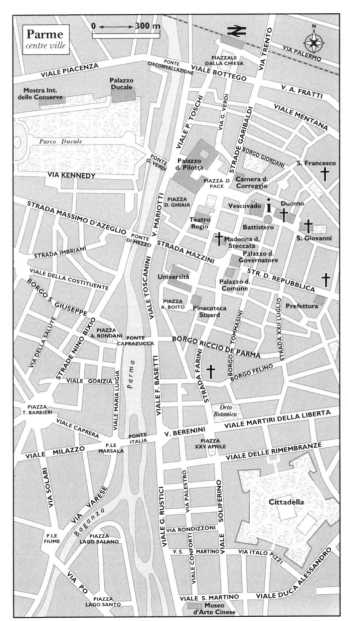

Parme
centre ville

0 ← → 300 m

VIALE PIACENZA

VIA PALERMO

VIA TRENTO

PIAZZALE DALLA CHIESA

PONTE CIRCONVALLAZIONE

VIALE BOTTEGO

V. A. FRATTI

Palazzo Ducale

Mostra Int. delle Conserve

VIALE MENTANA

VIALE P. TOSCHI

VIA G. VERDI

STRADE GARIBALDI

BORGO GIORDANI

S. Francesco

Parco Ducale

PONTE G. VERDI

Palazzo d. Pilotta

PIAZZA D. PACE

Camera d. Correggio

VIA KENNEDY

Vescovado

Duomo

STRADA MASSIMO D'AZEGLIO

PIAZZA D. GHIAIA

Teatro Regio

Battistero

S. Giovanni

VIA MARIOTTI

PONTE DI MEZZO

STRADA MAZZINI

Madonna d. Steccata

STRADA IMBRIANI

Palazzo d. Governatore

VIALE DELLA COSTITUENTE

Università

STR. D. REPUBBLICA

BORGO S. GIUSEPPE

Palazzo d. Comune

VIALE TOSCANINI

PIAZZA A. BOITO

Pinacoteca Stuard

Prefettura

STRADA XXII LUGLIO

VIA DELLA SALUTE

STRADE NINO BIXIO

PIAZZA A. RONDANI

PONTE CAPRAZUCCA

BORGO RICCIO DE PARMA

BORGO TOMMASINI

Parma

VIALE GORIZIA

VIALE F. BASETTI

STRADA FARINI

BORGO FELINO

PIAZZA T. BARBIERI

VIALE MARIA LUIGIA

VIALE CAPRERA

Orto Botanico

VIALE MARTIRI DELLA LIBERTA

VIALE MILAZZO

PONTE ITALIA

P.LE MARSALA

V. BERENINI

PIAZZA XXV APRILE

VIALE DELLE RIMEMBRANZE

VIA SOLARI

VIA VARESE

Boganza

VIA G. RUSTICI

VIA PALESTRO

SOLIFERINO

Cittadella

P.LE FIUME

PIAZZA LAGO BALANO

VIA RONDIZZONI

VIALE CONFORTI

V. S. MARTINO

VIALE

VIA ITALO PIZZI

VIALE DUCA ALESSANDRO

VIA PO

PIAZZA LAGO SANTO

VIALE S. MARTINO

Museo d'Arte Cinese

Plan simplifié du quartier

la région. Il y fait bon vivre. Le soir venu, les cafés de la piazza Garibaldi invitent à se délasser dans un cadre tranquille et baigné d'une chaude lumière, étape rituelle avant de se rendre à l'opéra dans le grand théâtre lyrique Teatro Regio pour se pâmer comme au XVIIIe siècle à l'écoute de l'éclatante *Traviata*.

Office du tourisme. ☎ 0521/ 234735.

Visites

Le cœur de Parme

La piazza Garibaldi, avec son célèbre monument au héros des Deux Mondes, forme le cœur de Parme, carrefour où l'on vient s'asseoir à la terrasse des cafés historiques, à l'ombre de la statue de bronze. C'est aussi le centre du pouvoir civil, avec sa mairie, sévère et solennelle, construite au XVIIe siècle sur les ruines d'un édifice du XIe siècle, et à sa droite le palazzo del Capitano del Popolo, également du XIe siècle, juxtaposé à l'antique palazzo dei Notai. En face, la place est fermée par le palazzo del Governatore, flanqué de la haute tour de l'horloge, construite au XIe siècle mais restaurée plusieurs fois, notamment en 1760 par l'architecte français Petitot, activement impliqué dans l'aménagement urbain de Parme.

Le baptistère, centre du pouvoir religieux, se trouve à peine quelques centaines de mètres plus loin, sur l'extraordinaire piazza del Duomo. Il suffit de prendre la via Cavour, bordée de riches magasins, puis de la parcourir quelques minutes, avant de tourner sur la droite, via del Duomo. Apparaît alors la piazza del Duomo, plongée dans un silence qui lui confère encore une atmosphère moyenâgeuse. En face se dresse la façade romane solennelle de la cathédrale, flanquée d'un campanile gothique et, sur la droite, légèrement en avant par rapport à la façade, le baptistère octogonal, aérien, d'une délicatesse extrême, l'un des monuments les plus extraordinaires du Moyen Age italien. Un ensemble prestigieux, visible aujourd'hui tel qu'il a été conçu au XIIe siècle, bien qu'il ait été partiellement restauré.

Le baptistère est décoré à l'extérieur de sculptures de Benedetto Antelami et de ses élèves : on voit sur les différents angles de l'octogone se succéder les saisons et les mois, le triomphe de la nature et les travaux des champs. Sur les bas-reliefs courent des motifs de l'Ancien et du Nouveau Testament, en alternance avec des animaux fantastiques, les signes du zodiaque, des chapiteaux et des colonnes. A l'intérieur, sous la coupole, on peut admirer de très belles fresques byzantines à la fraîcheur intacte.

Le Duomo présente une origine étrange : il a été construit par-dessus la cathédrale d'un évêque qui fut antipape au XIe siècle. Tout en haut des 63 mètres du campanile, on aperçoit une statuette en cuivre doré, dite «Angiol d'or». Dans la cage du campanile, ornée d'élégantes fenêtres trilobées, se trouve une curieuse cloche, «Il Sanctus», fondue en 1393. Le tympan de la cathédrale est orné de colonnes et de lions sculptés par Giamboro di Bissone en 1281, avec des reliefs représentant les mois de l'année. L'intérieur du Duomo s'orne de précieuses œuvres d'art. Dans le transept nord, on peut voir la splendide et émouvante *Déposition* de Benedetto Antelami, considérée comme le chef-d'œuvre de l'artiste. Les superbes peintures qui ornent le Duomo datent presque toutes du XVIe siècle. On remarquera plus particulièrement la magnifique fresque de *l'Assomption de la Vierge* du Corrège, sur la coupole, qui demanda au peintre quatre années de travail, de 1526 à 1530. La crypte est décorée de riches mosaïques anciennes au sol, ainsi que de nombreuses colonnes de marbres mélangés rehaussées de chapiteaux sculptés du XIIe siècle. La plus importante chapelle est sans doute la Cappella Rusconi, ornée de ses fresques du XVe siècle.

Le Palazzo, construit peu de temps après le Duomo qui lui fait face, a été plusieurs fois détruit et restauré, de manière parfois douteuse. Aujourd'hui, il a plus ou moins retrouvé son aspect originel, avec une façade sévère assortie de faïences et de deux rangs de fenêtres trilobées. Une communauté de frères vous y propose une quantité impressionnante d'herbes et de colorants de toutes sortes aux pouvoirs allant de l'aide digestive aux vertus aphrodisiaques. Nous vous signalons au passage un glacier exceptionnel, dans la petite rue au fond de la place, à droite lorsque l'on regarde le Duomo, qui propose une délicieuse glace au lait d'amande, à déguster sur le parvis du Duomo pour doubler le plaisir des yeux de la saveur raffinée de votre *cornetto*.

Le Corrège :
un des acteurs les plus importants de Parme

A Parme, le parcours pictural conduit naturellement à suivre les pas du Corrège. Antonio Allegri y a en effet vécu sa période artistique la plus riche et la plus féconde. A côté du Duomo et de ses fresques splendides, dont nous avons déjà parlé, se dresse l'église San Giovanni Evangelista. Avant de lever les yeux vers la coupole, on peut déjà remarquer la fresque sur la porte de la sacristie, à droite de l'autel. Elle annonce la grandeur de l'extraordinaire *Vision de San Giovanni* de la coupole, récemment restaurée. D'autres œuvres originales du Corrège se trouvent désormais à la Galleria Nazionale, tandis que les églises d'origine accueillent seulement les copies. La Camera San Paolo offre quant à elle un exemple particulier de peinture profane : il s'agit de fresques exécutées pour l'abbesse Giovanna Piacenza, une sœur humaniste qui entretenait artistes et écrivains.

Le palais della Pilotta des Farnèse, grandiose et inachevé, doit curieusement son nom à une cour dans laquelle on avait coutume de jouer à la *pelota*. L'imposante construction, commencée en 1583, interrompue et reprise plusieurs fois, fut à moitié détruite lors d'un bombardement en 1944. Des milliers de livres partirent en fumée, le théâtre Farnese fut incendié et le palais fut victime de dommages irréparables : on réussit seulement à sauver miraculeusement quelques cadres. Aujourd'hui, la Pilotta constitue un immense musée, où se trouvent de nombreuses collections de natures diverses. L'entrée du palais est imposante : une cour gigantesque rythmée par des arcades et des piliers massifs conduisent à l'immense porte et à son escalier majestueux.

Le Museo archeologico nazionale contient de précieux éléments archéologiques, des collections ethnographiques, des ensembles de médailles, des céramiques, des sculptures, des inscriptions provenant du territoire et des collections des Farnèse et des

Gonzague. Ouv. tous les jours sauf lun. 9h-13h30. Entrée :
4 000 L.

La Galerie nationale compte parmi les musées les plus riches et
les plus enchanteurs d'Italie. Fondée par Filippo di Borbone en
1752, elle s'enrichit sensiblement avec les œuvres enlevées par les
Français mais restituées en 1816. Maria Luigia s'intéressa elle aussi
à la Galerie et acquit diverses œuvres importantes provenant de
collections privées. On peut découvrir, tout au long d'une tren-
taine de salles magnifiquement arrangées, un parcours artistique
qui commence au XVᵉ siècle et finit avec la peinture contemporaine. La qualité des œuvres et la nouvelle muséographie forment
un ensemble de toute beauté. Ouv. tous les jours sauf lun. 9h-
13h30. Entrée : 4 000 L.

La bibliothèque Palatina est d'une richesse inouïe : 550 000 volumes,
5 000 manuscrits, 50 000 autographes, 50 000 impressions sur bois et
cuivre. Parmi les œuvres les plus précieuses, un *evangelario* grec de
l'an 1000 et un *salterio* du Moyen Age offrent des couleurs et une cal-
ligraphie splendides. Dans la salle de Maria Luigia, un bel hermès de
Canova représente la duchesse la plus aimée des Parmesans. Largement endommagée par la guerre, la bibliothèque a été complètement
restructurée. La Galleria Petitot, par exemple, littéralement pulvéri-
sée, a été fidèlement reconstruite d'après des dessins originaux. Ouv.
lun.-jeu. 8h30-18h45, ven., sam. 9h-13h. Entrée libre.

L'une des salles les plus impressionnantes reste sans doute le théâtre
Farnèse, construit entièrement dans un bois à la teinte chaleureuse,
en 1601, à l'initiative du Duc Ranuccio I Farnese. Pendant longtemps, fort de ses 5 000 places, il fut le plus grand théâtre du
monde. Son inauguration solennelle, le 21 décembre 1628, célébra
les noces d'Odoardo Farnese et de Margherita de Medicis.
Construit sur le modèle du théâtre palladien de Vincence, il possédait de plus une scène mobile permettant un usage multiple de
l'immense plateau. On y voit aussi pour la première fois une
esquisse des «loges» que l'on retrouvera ensuite dans tous les
théâtres à l'italienne. Le théâtre accueillit de nombreux spectacles
de prose et de chant jusqu'en 1732, date à laquelle il perdit de son
importance. A moitié détruit pendant la guerre et complètement

reconstruit, c'est aujourd'hui un témoignage architectural important. Ouv. tous les jours 9h-13h45. Entrée : 4 000 L.

Teatro Regio. L'âme de Parme est passionnément lyrique. Verdi et Toscanini sont sans doute des références, mais le Teatro Regio est le lieu mythique d'une passion irrésistible qui a fait de la ville une scène sévère et sans appel. Chanter à Parme représente l'épreuve ultime pour un ténor ou une soprano ; la loge royale du Regio peut déterminer l'issue d'une carrière. Ce théâtre est un don de Maria Luigia à ses sujets. Les travaux commencèrent en 1821, sur un projet de l'architecte Nicola Bettoli, et durèrent huit ans. La façade néo-classique se compose d'arcades impressionnantes avec dix colonnes de granit. L'intérieur est somptueux, avec des décorations en or et un superbe plafond peint. Visite sur rendez-vous (☎ 21 89 10). Entrée gratuite.

Promenades

Les châteaux de Parme. Parme est entourée d'une dizaine de châteaux des XVe-XVIIe siècles, dont le plus célèbre est sans doute celui de Fontanellato. A 30 km de la ville, on peut aller visiter cette splendide résidence de la famille Sanvitale, qui offre un exemple des riches demeures seigneuriales de l'époque. Construit au XVe siècle, le château se dresse au milieu de la place centrale, protégé par des douves imposantes. Du haut d'une de ses tours, on a une belle vision panoramique sur les alentours. L'architecture extérieure est bien conservée et les salles intérieures sont aménagées avec du mobilier d'époque et décorées de fresques encore en très bon état (voir notamment l'histoire de Diane et d'Actéon du Parmesan).

Se loger à Parme

★★★★ **Palace Hotel Maria Luigia.** 140 via Mentana. ☎ 28 10 32. 180 000 L la chambre double. Fermé le dim. et pendant les vacances en août.

★★★★ **Park Hotel Stendhal.** 3 via Bodoni. ☎ 20 80 57. 120 000 L la chambre double. Cuisine émilienne. Fermé le dim. soir et pendant les vacances en août.

★★★ Daniel. 16 via Gramsci. ☎ 99 51 47. 69 000 L la chambre double. Fermé en août. Restaurant Cocchi : cuisine parmesane.

Se restaurer à Parme

Il faut absolument profiter de la gastronomie parmesane, hautement réputée. A peine moins grasse que la cuisine émilienne, elle a une valeur nutritive reconnue, riche en protéines et en calcium, et accompagnée de légumes gorgés de soleil. Le jambon savoureux et le parmesan, hautement recommandés aussi bien pour leur saveur inimitable que pour leur vertus diététiques, restent bien sûr incontournables. Ne négligez pas non plus les charcuteries fines (*culatello di Zibello*) et les recettes du terroir, viandes grillées et poivrons gratinés au four. A déguster absolument avec le vin local, rouge de préférence.

Ristorante taverna Gallo d'Oro. 3 borgo della Salina. ☎ 20 88 46. Fermé le dim. A deux pas de la piazza Garibaldi, un menu délicieux avec les produits de la région. Carte des desserts intéressante et grand choix de vins. Prix moyens.

Greppia. 39 via Garibaldi. ☎ 23 36 86. Cuisine émilienne et créative. Fermé jeu., ven. et en juillet.

Pour grignoter et boire un verre de vin

Osteria del 36. 26/a via Saffi. ☎ 28 70 61. Fermé le dim.

Enoteca Antica Osteria Fontana. 22/a strada Farini. ☎ 28 60 37. Un choix de vins impressionnant, à déguster avec les jambons et les fromages locaux, dans une ambiance très chaleureuse.

Lectures buissonnières

Une anthologie cosmopolite

Jean-Baptiste Labat 1663-1738

Les Français disent ordinairement « Boulogne », au lieu de « Bologne », ils font mal, et ne distinguent pas assez cette grande ville d'une autre beaucoup plus petite, et moins considérable, qui est sur la côte de la Picardie, que l'on appelle Boulogne-sur-Mer. On donne à Bologne d'Italie l'épithète de grasse, parce qu'elle est située dans un pays extrêmement fertile, aussi bien cultivé que les Etats du grand-duc. Elle est après Rome la plus grande, la plus peuplée et la plus considérable de tout l'Etat ecclésiastique. On dit qu'elle est plus ancienne que Rome. Après la décadence de l'Empire romain, elle a eu bien des maîtres ; elle se mit en liberté, mais les guerres intestines de ses principaux citoyens la déchirèrent si cruellement, que les plus sages crurent que pour les faire cesser et vivre en paix, il n'y avait point de moyen plus sûr que de se donner au pape, c'est ce qu'ils firent en 1278. Sous des conditions avantageuses, que l'on observe encore aujourd'hui très religieusement, entre lesquelles sont d'avoir un auditeur dans la Rote, ou Parlement de Rome, et un ambassadeur à la cour du pape, ce qui marque une espèce d'égalité.

Voyages d'Espagne et d'Italie (Paris, 1732).

Charles de Brosses 1709-1777

La ville est partagée en deux factions, la française et l'allemande. Le comte Rossi et sa femme, zélés partisans du génie français, nous ont prévenus de toutes les politesses imaginables, et nous ont fait faire connaissance avec beaucoup de dames très gentilles, chez qui l'accès est facile et la conversation agréable. Les femmes ici sont éveillées à l'excès, passablement polies, et beaucoup plus que coquettes, spirituelles, sachant par cœur leurs bons poètes italiens, parlant français presque toutes. Elles citent Racine et Molière, chantent le mirliton et la béquille, jurent le diable et n'y croient guère. Elles ont une coutume qui me paraît la meilleure et la plus commode du monde, celle de s'assembler tous les soirs dans un appartement destiné à cela seul, et n'appartenant à personne, moyennant quoi, personne n'en a l'embarras, ni la peine d'en faire les honneurs. Il y a seulement des valets de chambre gagés qui ont soin de donner tout ce dont on a besoin. On fait là tout ce qui plaît, soit qu'on veuille causer avec son amant, soit qu'on veuille chanter, danser, prendre du café, ou jouer. La première ou la dernière de ces occupations sont celles que j'y ai vu le plus communément pratiquées ; mais quand on a joué et perdu, ce qui roule ordinairement entre cinquante sous ou un petit écu, ce serait une malhonnêteté insigne de payer à celui qui a gagné. Les valets de

chambre en tiennent registre, et deux jours après vous
remettent votre compte de l'avant-veille.

Lettres familières écrites d'Italie à quelques amis en 1739
et 1740 (Alphonse Levasseur, Paris, 1836).

Arthur Young 1741-1820

J'allai faire un tour dans les palais et dans les églises.
La grande collection de tableaux du palais Zampierre
contient quelques pièces d'un mérite si rare, que le
spectateur en les voyant, en est transporté
d'admiration. Le Saint Pierre, de Guido ; la Hagar,
de Guercino ; et la Danse, d'Albarno. M. Cochin
dit que le Guido surpasse tous les tableaux d'Italie,
voici ses expressions : « Enfin, c'est un chef-d'œuvre,
et le tableau le plus parfait qui soit en Italie, par la
réunion de toutes les parties de la peinture. » C'est
certainement un beau morceau de deux figures, mais
il est fondé sur la poésie et sur un conte connu de
tout le monde. Le Guercino, dont il dit seulement :
« C'est très beau », a, selon moi, une expression
délicieuse, c'est un travail sur un beau sujet, qui fait
beaucoup d'effet ; c'est plutôt la nature que de la
peinture. Le visage d'Hagar semble parler un langage
qui touche l'âme ; et la simplicité pathétique de
l'enfant est d'accord avec les sensations de la mère.
La chaleur moelleuse et la douceur du coloris
d'Albarno, jointes à la douceur de l'expression, sont
inimitables. Dans l'église de San Giovanni in
Monte, est la célèbre Sainte Cécile de Raphaël
[…]. La Sainte Agnès de Domenichino, *dans*
l'église de ce nom ; et Job sur son trône, *par*
Guido, chez les mendiants, méritent aussi d'être vus.

Voyage en Italie (trad. François Soulès, 1796).

Johann Wolfgang von Goethe 1749-1832

*Vers le soir je m'échappai enfin de cette vieille,
vénérable et docte ville, ainsi que de la foule qui
peut, à l'abri du soleil et des intempéries, aller et
venir sous les arcades qu'on voit s'étendre le long de
presque toutes les rues, y badauder, y acheter et y
faire ses affaires. Je montai sur la tour et je jouis du
bon air. La vue est superbe ! Au nord on voit les
montagnes padouanes, puis les Alpes de la Suisse,
du Tyrol, du Frioul, en un mot toute la chaîne
septentrionale, cette fois-ci dans le brouillard. Vers
l'ouest un horizon illimité dont émergent seules les
tours de Modène. Vers l'est une plaine semblable,
jusqu'à la mer Adriatique, qu'on aperçoit au soleil
levant. Vers le sud les contreforts des Apennins,
cultivés et couverts jusqu'à leurs sommets de
végétation de toute sorte, parsemés comme les
collines vicentines, d'églises, de palais, de villas.
Le ciel était tout à fait clair, pas le plus petit nuage,
seulement une espèce de brume à l'horizon. Le
gardien de la tour assura que depuis six ans cette
brume lointaine ne disparaissait pas. Autrefois il
avait très bien pu découvrir à l'aide de la lunette
d'approche les montagnes de Vicence avec leurs
maisons et leurs chapelles, maintenant, même par les
jours les plus clairs, ce n'était plus que rarement le
cas. Et cette brume couvrait principalement la chaîne
septentrionale et faisait de notre chère patrie un vrai
pays de Cimmériens. Cet homme me fit aussi
remarquer que la salubrité de la situation et de
l'atmosphère de la ville se manifestaient dans le fait
que ses toits avaient l'air comme neufs et qu'aucune
tuile n'était ternie par l'humidité ou la mousse. Il
faut avouer que les toits sont tous propres et beaux,
mais la bonne qualité des tuiles peut aussi y être*

pour quelque chose, du moins en a-t-on fait
autrefois d'excellentes dans ces contrées.
La tour penchée fait un très vilain effet, et pourtant il
est très probable qu'on l'aura construite exprès ainsi.
Je m'explique cette folie de la manière suivante. Au
temps des troubles civils tout grand bâtiment devint
une forteresse que chaque famille puissante fit
surmonter d'une tour. Peu à peu on s'en fit un
plaisir et un honneur, chacun voulut faire parade
d'une tour, et lorsqu'en fin de compte les tours droites
devinrent par trop communes, on en construisit une
penchée. Et l'architecte aussi bien que le propriétaire
ont atteint leur but, on ne jette qu'un coup d'œil sur
les nombreuses tours droites et l'on cherche celle qui
est de travers. J'ai été ensuite sur cette dernière. Les
couches de briques sont horizontales. Avec du ciment
prenant bien et avec des crampons de fer on peut bien
faire des excentricités.

Voyage en Italie (trad. Maurice Mutterer, Champion, 1931).

Mme De Staël 1766-1817

En approchant de Bologne, on est frappé de loin par
deux tours très élevées, dont l'une surtout est
penchée d'une manière qui effraie la vue. C'est en
vain que l'on sait qu'elle est ainsi bâtie, et que c'est
ainsi qu'elle a vu passer les siècles ; cet aspect
importune l'imagination. Bologne est une des villes
où l'on trouve un plus grand nombre d'hommes
instruits dans tous les genres ; mais le peuple y
produit une impression désagréable. Lucile s'attendoit
au langage harmonieux d'Italie qu'on lui avoit
annoncé, et le dialecte bolonais dut la surprendre
péniblement ; il n'en est pas de plus rauque dans les
pays du Nord. C'étoit au milieu du carnaval

*qu'Oswald et Lucile arrivèrent à Bologne ; l'on
entendoit jour et nuit des cris de joie tout semblables
à des cris de colère. Une population pareille à celle
des Lazzaroni de Naples, couche la nuit sous les
arcades nombreuses qui bordent les rues de Bologne ;
ils portent pendant l'hiver un peu de feu dans un
vase de terre, mangent dans la rue, et poursuivent les
étrangers par des demandes continuelles. Lucile
espéroit en vain ces voix mélodieuses qui se font
entendre la nuit dans les villes d'Italie ; elles se
taisent toutes quand le temps est froid, et sont
remplacées à Bologne par des clameurs qui effraient,
quand on n'y est pas accoutumé.*

*Le jargon des gens du peuple paroît hostile, tant le
son en est rude ; et les mœurs de la populace sont
beaucoup plus grossières dans quelques contrées
méridionales, que dans les pays du Nord. La vie
sédentaire perfectionne l'ordre social ; mais le soleil
qui permet de vivre dans les rues, introduit quelque
chose de sauvage dans les habitudes des gens du
peuple.*

Corinne ou l'Italie (Editions des femmes, tome II, 1979).

Stendhal 1783-1842

*28 décembre 1816. Bologne est adossée à des collines
qui regardent le nord, comme Bergame à des collines
exposées au midi. Entre elles s'étend la magnifique
vallée de la Lombardie, la plus vaste qui existe dans
les pays civilisés. A Bologne, une maison bâtie sur la
colline, avec fronton et colonnes, comme un temple
antique, forme, de vingt endroits de la ville, un point
de vue à souhait pour le plaisir des yeux. Cette
colline, qui porte le temple et a l'air de s'avancer au
milieu des maisons, est garnie de bouquets de bois*

comme un peintre eût pu les dessiner. Du reste,
Bologne offre un aspect désert et sombre, parce qu'elle
a des portiques des deux côtés dans toutes les rues. Il
faut des portiques d'un côté seulement, comme à
Modène. C'est ainsi que sera Paris dans deux siècles.
En général, les portiques de Bologne sont loin d'être
aussi élégants que ceux de la rue Castiglione, mais ils
sont bien plus commodes, et mettent parfaitement à
l'abri des plus grandes pluies, telles que celle qui
m'accueillit le jour de mon arrivée, et qui recommence
ce matin. J'allai sur-le-champ voir la fameuse tour
qui penche ; je l'apercevais depuis un mille. Elle
s'appelle la Garisenda, et a, dit-on, cent quarante
pieds de haut ; elle surplombe de neuf pieds. Tout
Bolonais, voyageant en pays étranger, s'attendrit au
souvenir de cette tour.
Bologne est une des villes où l'hypocrisie est la plus
difficile. [...] Bologne appartient bien autrement à
l'Italie du Moyen Age que Milan ; cette ville n'a
pas eu un saint Charles pour briser son caractère et
la monarchiser.
Devenu sage à mes dépens, je n'ai pas commis les
fautes qui m'avaient nui à Milan. Je n'ai eu garde
de paraître plus occupé de trois figures célestes que
j'ai rencontrées dans la société, que du reste des
femmes. J'ai marqué des attentions à chaque femme
exactement en proportion du désir de faire parler
questo forestiere *(cet étranger) que je voyais dans*
leurs yeux. M. Isimbardi m'avait dit : « A Rome et
à Bologne, avant d'avoir l'air de regarder une jolie
femme, faites pendant huit jours une cour assidue à
son amant ; feignez ensuite de ne faire attention à
elle qu'à cause de lui. Pour peu que l'amant soit sot
et vous adroit, il y sera pris. Si l'amant et sa
maîtresse vous adressent la parole en même temps,

n'ayez l'air d'avoir entendu que l'homme. Un
regard vous excusera auprès de la femme, qui vous
saura gré de cette attention, pour peu qu'elle vous
trouve aimable. Parlez toujours de votre départ
comme beaucoup plus prochain qu'il ne le sera en
effet. »

Rome, Naples, Florence (Gallimard, Paris, 1987).

Jules Janin 1804-1874

Je me trouve porté dans une ville étrange, que je
veux vous décrire avant de la nommer. Vous
pénétrez lentement dans une longue rue entourée de
sombres arcades, si bien que pas une des maisons de
cette ville ne paraît ouvrir sa porte ou sa fenêtre.
Sous ces arcades sans fin, glissent comme des ombres
les habitants encore plus qu'ils ne marchent ; vous
arrivez ainsi au pied d'une tour qui occupe le milieu
de la ville, et vous n'avez encore entendu que le
bruit du tambour ; en fait de citoyens vous n'avez
rencontré que des soldats armés, soldats étrangers
eux-mêmes au pouvoir étranger qui gouverne la
ville ; à la porte de la douane s'élève un tombeau
dessiné par Jules Romain ; le douanier est assis
tranquillement sur cette pierre sacrée. Dans un coin
de la place, un sculpteur, qui était à coup sûr un
grand maître, a construit, il y a longtemps, une
fontaine de Neptune entouré des sirènes : le dieu est
nu, les femmes qui l'entourent sont nues et belles ;
autrefois de ces mamelles remplies l'eau tombait en
abondance : ces belles sirènes sont les sœurs jumelles
des Sabines de Florence. Mais où donc sommes-
nous ? et qui peut nous dire le nom de cette ville
étrange ? Voici des palais du treizième siècle, voici
une vieille prison comme les républiques italiennes

aimaient à les bâtir et à les remplir ; voici l'hôtel de
ville construit à l'usage des vieux cardinaux,
gouverneurs édentés du Saint-Père, qui peuvent
monter l'escalier sur leurs mules ; plus loin, cachées à
l'ombre de leurs arcades, vous rencontrez de vieilles
maisons de gentilshommes qui ne sont rien moins
que bâties par ce grand architecte qu'on appelle
Palladio, riches murailles qu'on prendrait pour des
murailles génoises ! Quelle est donc cette ville
silencieuse et triste, qui cache sa fortune, sa beauté,
son origine ? On y respire je ne sais quelle odeur
enivrante et nauséabonde de théologie et d'atticisme,
de poésie et de fleurs fanées, de bibliothèque et de
musée, d'amour et de cimetière, que nul poète ne
saurait définir. Ah ! ce n'est plus là la Florence tout
enivrée de la lie de ses nobles passions : ah ! ce n'est
plus là la vieille Pise, toute chargée de ses riches
peintures ; ah ! ce n'est plus là Gênes l'opulente qui
étale sa fortune à défaut d'esprit, de courage et de
liberté ; c'est une ruine pédante et dédaigneuse qui
ne ressemble à aucune des ruines de l'Italie. − C'est
que, monsieur, nous sommes entrés sans le savoir au
milieu de cette vieille cité universitaire appelée
Bologne, qui a usé à elle seule plus de vieux
parchemins, plus de palettes, plus d'encre à écrire,
plus de chaires à prêcher, plus de bonnets de
docteurs, qu'aucune des villes de l'Italie ; noble
haillon qui a balayé tour à tour l'Eglise,
l'Amphithéâtre, l'Ecole, le Musée ! il sent à la fois
le sang, l'huile, la théréhentine et l'encens. [...] Ce
qui manque à Bologne, c'est un guide, c'est une
pensée, c'est l'unité. Cette ville singulière, consacrée
tout entière et si longtemps à l'enseignement
universel, a été sans doute traversée par autant
d'idées nouvelles, ingénieuses, que Florence même ;

mais ces idées à peine écloses se sont envolées comme autant d'oiseaux de passage et pas une n'est restée dans la ville qui l'avait abritée. A peine entré dans ces murs, il vous semble que vous êtes entré dans quelque classe de rhétorique, quand les écoliers sont en vacances. Vous n'avez plus sous les yeux que des bancs noircis, des livres déchirés, des essais informes qu'emporte le vent ; vous avez le nid, vous n'avez pas la couvée : la couvée est autre part qui essaie ses ailes et son chant.

Pour me résumer, Bologne est une école dépeuplée et sans souvenir ; Florence est une citadelle qui se souvient de ses meurtrissures, une église qui se souvient de son Dieu, un palais qui attend son maître. Bologne, de tous les pédagogues qu'elle a nourris, n'a pas obéi à un seul ; Florence obéit encore aujourd'hui à Dante, son poète ; dans Bologne on comprend à peine que quelques écoliers de génie sont venus faire leur tapage d'un jour ; à Florence on retrouve encore des « pas d'homme », comme disait cet Athénien qui voyait des signes d'arithmétique sur le sable ; et quels hommes, Michel-Ange et Galilée ! Voilà pourquoi le silence de Bologne vous trouve stupide, pourquoi le silence de Florence vous donne tant à penser. Bologne se tait sans avoir parlé ; Florence a tout dit et tout fait, quand elle rentre dans le silence et dans le repos. Interrogez ces deux échos : – Vous entendez à Bologne des écoliers jaseurs ; – l'écho florentin vous répétera les sermons de Savonarole et les discours de Machiavel. Vous le voyez : pour les villes comme pour les hommes, il n'y a d'égalité nulle part, pas même dans la mort.

Voyage en Italie (Bourdin, 1839).

Hippolyte Taine 1828-1893

Cette grande ville est triste et mal tenue. Plusieurs
quartiers semblent déserts ; des polissons jouent et se
houspillent sur les places vides. Quantité d'hôtels
monumentaux semblent mornes comme les maisons
de nos villes de province. En effet, c'était une ville
provinciale gouvernée par un légat du pape ; d'une
république agitée on avait fait une cité morte. − On
se fait indiquer le meilleur café, et on en sort vite ;
c'est un estaminet de bicoque. On regarde un instant
deux tours penchées bâties au douzième siècle,
carrées, bizarres, et qui n'ont rien de l'élégance de
Pise. On arrive à l'église principale, San Petronio,
basilique ogivale et à dôme, d'un gothique italien et
d'espèce inférieure : on pense avec regret aux beaux
monuments de Pise, de Sienne et de Florence ; le
gouvernement républicain et la libre énergie inventive
n'ont point duré assez longtemps ici pour finir leur
édifice. Le bâtiment est coupé en deux, inachevé : on
a badigeonné l'intérieur, les trois quarts des fenêtres
ont été bouchées, la façade est incomplète. Dans le
jour blafard que laissent entrer les ouvertures trop
rares, on aperçoit quelques bonnes sculptures : Eve
et Adam *d'Alfonso Lombardi, une* Annonciation *;*
mais on n'a pas le courage de les sentir, les yeux
sont attristés. On sort, et, de l'escalier dégradé, on
voit une place sale, des mendiants, une canaille de
vagabonds qui flânent.

Voyage en Italie (Librairie Hachette, Paris, 1866).

Riccardo Bacchelli 1891-1985

La route, les discours et l'examen des lieux leur
avaient pris du temps, et lorsque la Porte de
San Felice fut en vue, le ciel, qui avait lentement

pâli, s'illumina de rouge tandis que de gros nuages
s'amoncelaient à l'horizon. Le soleil disparut
derrière les fières et massives murailles de la ville.
Bologne lançait vers le ciel les pointes de ses tours
grises qui faisaient l'orgueil des anciens habitants
et n'étaient plus maintenant que des nids de
faucons.

Le grand malheur des villes italiennes ne faisait que
commencer ; les hygiénistes, les constructeurs et les
requins n'avaient pas encore saccagé les beautés du
passé.

Bologne possédait donc encore ses nobles remparts
lorsque Bakounine et les siens arrivèrent à la Porte
de San Felice, médiévale et austère. Les douaniers,
voyant qu'ils n'avaient pas de paquets, les laissèrent
passer sans difficultés.

Sandrone salua la compagnie devant la Porte et
promit qu'il serait revenu le jour suivant pour porter
la valise chez Fruggeri, via Pietralata, où Ross
devait se transférer. Quant au quartier général de
Bakounine, il se trouvait au rez-de-chaussée d'une
pauvre maison du Borgo delle Casse. [...]

Après la défaite de la Quaderna, les carabiniers du
capitaine Simon Viollet conduisirent la bande
d'Imola vers Bologne, par la via Emilia. Le
capitaine chevauchait en tête, et derrière lui marchait
Abdon Negri, menottes aux mains. Il avait laissé
les mains libres aux autres insurgés, exténués et
morts de faim. A San Lazzaro, un prisonnier,
espérant que le capitaine allait faire réquisitionner
quelques gros pains et les leur distribuer, cria sa faim
et sa fatigue. Alors Simon Viollet leur fit un bref
discours :

– Mes carabiniers sont aussi fatigués que vous ! Si
quelqu'un crie ou refuse de marcher, sachez que je

m'en occuperai personnellement : je le ferai hurler et
avancer à coups de crosse !
Ces quelques mots ne calmèrent pas la faim des
hommes. Mais ils crurent bon de prendre leur mal
en patience, de se taire et de marcher… Traînant
leurs pieds et soulevant un nuage de poussière sur
leur passage, ils se dirigèrent vers Bologne. Le seul
qui pensait encore à l'Internationale était Negri. Les
autres se préoccupaient surtout de leur estomac. Ils
arrivèrent exténués à porta Maggiore, n'ayant plus
qu'une idée en tête : un bol de soupe.
C'était jour de fête en cette ville. Ou du moins
ç'aurait dû l'être. Les portes de la cité avaient été
fermées dès l'annonce de la bataille à la Quaderna
et de l'incendie d'Imola. Et la population, avide de
spectacles et d'amusements, était déçue. Depuis une
heure déjà, les portiques de strada Maggiore étaient
envahis de gens excités et loquaces. Les vendeurs
ambulants découpaient des pastèques et vendaient
des sorbets ; ce jour-là, ils firent de gros bénéfices.
Quelques vieillards affirmèrent que, depuis la venue
de Pie IX, en 1857, on n'avait jamais vu tant de
monde sur la strada Maggiore. Les jeunes gens
courtisaient les jolies filles potelées et impertinentes ;
bref ils laissaient l'Histoire de côté.

La Folie Bakounine (trad. Giovanni Joppolo, Julliard, Paris,
1973).

Aldous Huxley 1894-1963

Il faisait nuit quand nous entrâmes à Bologne, et les
rues étaient pleines de masques. C'était le dernier
jour du Carnaval. Nous nous frayâmes un passage
à travers la foule, en cornant.
« Maschere ! » crièrent les masques sur notre passage ;

et, avec nos lunettes et nos cache-nez, nous
paraissions être, nous aussi, en habits de carnaval.
Le spectacle était indigent ; quelques jeunes femmes
en domino, quelques étudiants bruyants costumés –
rien de plus. Je songeai aux mascarades et aux
spectacles brillants d'autrefois. Charmants, sans
doute ; mais il ne faut pas les regretter. Car les
spectacles et les mascarades sont les symptômes d'un
mauvais gouvernement. Les tyrans passent leur vie
entière au centre d'un ballet prestigieux. Une
populace opprimée, trop pauvre pour se payer soi-
même des divertissements, est maintenue en bonne
humeur par ces représentations royales, qui sont
gratuites. Et au cours de ces saturnales périodiques,
les esclaves ont l'occasion de sublimer leurs
sentiments révolutionnaires sous forme de licence
joyeuse. Si le carnaval a dégénéré, il en est de même
de l'oppression. Et là où les gens ont des sous pour
aller au cinéma, point n'est besoin de papes ni de
rois pour organiser leurs ballets. N'empêche que
c'était un spectacle fort médiocre ; il me semblait
qu'ils auraient pu célébrer un peu plus dignement
notre arrivée à Bologne.

Chemin faisant (Stock, Paris, 1945).

Jean Giono 1895-1970

Bologne a le monument aux morts le plus
extraordinaire qui soit. Horrible mais parfait. Au
point de vue esthétique, évidemment zéro et même
moins vingt, mais cela ne nous change guère. C'est
un mur, c'est un mur de San Petronio, si je ne
m'abuse, et chaque nom de mort est illustré par sa
photographie, et par sa photographie fournie par sa
famille. Nous les avons ainsi tels qu'on les aimait :

le gros joufflu à la moustache en guidon de bicyclette,
le beau ténébreux à la cravate à ressort, tout le pauvre
album d'un vin Mariani à l'usage des obscurs. Les
larmes me sont montées aux yeux devant un nom
qui avait été illustré par une mère certainement pas
cornélienne, d'une photographie de petit blondin en
culotte courte et col marin. Elle voulait le garder et le
commémorer à cet âge. Je me suis approché très près
de la photo, à la fois pour cacher mon émotion et me
graver les traits de cet enfant dans la mémoire.
C'était encore plus terrible que je ne pensais. C'était
la photo d'un communiant, ébloui. Je n'ai pas du
tout envie de verser dans la sensiblerie. J'aime
beaucoup ce monument aux morts, je le dis
carrément. Ces fantômes installés au bord du trottoir,
dans la partie la plus passante d'une ville et tels
qu'ils étaient dans leur humble vie sont plus
émouvants que tous les grands ordres architecturaux.
[…] A côté de cet admirable monument aux morts, il
y a un kiosque à journaux. Cette imprudence n'est
possible qu'au pays de Machiavel.

Voyage en Italie (Gallimard, Paris, 1953).

Guido Piovene 1907-1974

Facile, jouisseuse, humoristique, c'est donc ainsi que
les Bolonais voient Bologne. Sa passion politique est
une véritable passion, une tension vitale, un aspect
de son propre amour de la vie lié avec le sentiment,
la gourmandise et la vénération de la virilité ; et
enfin avec l'espérance, jaillissant de la richesse même
des humeurs sanguines, d'atteindre à la palingénésie
de la rédemption totale.
Bologne est l'une des plus belles villes d'Italie et
d'Europe. Il n'existe pas de ville qui lui ressemble

et puisse la remplacer. Elle est belle par la richesse,
par l'abondance de sa couleur ; et cette couleur qui la
sature est d'abord le rouge ou le rougeâtre, le plus
physique, le rouge qui rappelle le plus le corps humain
et le sang. Florence est maigre, allongée. A Bologne,
au contraire, les portiques, les arcades, les coupoles,
tout fait penser à des rotondités charnues. Le dialecte
même, l'accent, sont exubérants, ont une rondeur
spéciale. Certaines petites rues médiévales du centre
nous ramènent à la vie réelle du Moyen Age plus que
dans d'autres villes où le passé est archéologique.
Certaines beautés de Bologne et beaucoup de ses
meilleurs magasins sont, je ne dirais pas secrets, mais
enveloppés et cachés dans ses replis nourrissants. Le
secret de la farce dans un plat succulent. On ne
pense pas à la beauté à Bologne, on la respire, on
l'absorbe, elle se fait comestible. Pour emprunter le
jargon de Freud, aller à Bologne c'est un peu comme
entrer dans la chaleur du sein maternel.

Voyage en Italie (trad. Claude Poncet, Grasset, Paris, 1958).

Sergio Romano né en 1929

A Bologne, où je suis arrivé le soir, mon premier
hommage a été rendu à la table. Malgré son amour
pour la culture (une ancienne université, quelques
instituts de haut niveau scientifique, de nombreuses
maisons d'édition, un quotidien national) et son
habileté politique (le dialogue entre communistes et
catholiques a commencé ici dans les années
cinquante), Bologne reste une ville gourmande et
sensuelle. Dans un restaurant situé à l'ombre de ses
tours penchées, j'ai dîné avec des habitués qui
commentaient avec les garçons les mérites et les
défauts de chaque plat.

Sensuelle, Bologne l'est aussi dans les arts. Elle aime les Carrache, Guido Reni, le Parmesan, les maniéristes et Jean Bologne, né à Douai en 1524, mieux connu sous le nom de Giambologna, qui fondit un magnifique Neptune pour la fontaine de la place Maggiore. Sur le parvis de la cathédrale de San Petronio, des étudiants massés manifestent contre la municipalité communiste et contre la police protégeant le palais d'Accursio, siège de la mairie.

Italie (Le Seuil, coll. «Microcosme», Petite Planète, Paris, 1979).

Dominique Fernandez né en 1929

Inexprimable émotion en entrant à Bologne, où nous verrons notre premier Raphaël italien. Par une coïncidence qui tient du miracle, je fête aujourd'hui, 3 juillet 1810, mes vingt et un ans, ainsi que le troisième anniversaire du pacte de la Mengstrasse. Nous avons couru tout de suite à l'église de San Giovanni in Monte, pour laquelle Raphaël a peint l'Extase de sainte Cécile. Ce tableau est en effet merveilleux, et, selon notre coutume, nous l'avons contemplé longuement, avant que Ludwig, à qui c'était le tour, n'entreprît de nous le commenter. Sainte Cécile se dresse au milieu de la toile, la tête légèrement penchée en arrière, les yeux tournés vers le ciel. Dans ses mains, un petit orgue renversé, qu'elle retient à peine par le sommier, comme si elle allait le laisser choir (selon l'interprétation de Ludwig). Son esprit plane fort loin du lieu où elle se trouve ; elle écoute les suaves mélodies qu'une demi-douzaine d'anges, peints dans un nuage au sommet de la composition, chantent à pleine voix en s'aidant de grands livres. Aux pieds de celle que l'Église

vénère comme la patronne de la musique, d'autres
instruments gisent, en piteux état : une viole avec
son archet, un triangle, un tambourin, des cymbales,
les deux morceaux d'une flûte cassée.
Saint Paul et saint Jean à gauche, saint Augustin et
sainte Marie-Madeleine à droite, entourent sainte
Cécile. Ces quatre figures ne sont nullement choisies
au hasard : elles évoquent les puissances de l'amour
et résument la mystique affective de la chrétienté.
Rien de plus clair que le sens de ce tableau, nous dit
Ludwig pour conclure. En entendant cette musique
céleste que le concert des anges fait pleuvoir des
lointains lumineux du firmament, sainte Cécile se
repent de s'être adonnée à l'art profane des sons
humains. Elle laisse tomber l'orgue de ses mains, et
foule à ses pieds les autres instruments de la
musique terrestre.

L'Amour (Grasset, Paris, 1986).

500 av. J.-C.   Les Etrusques d'Italie créent leur «capitale» Felsina. Elle passera ensuite aux mains des Gaulois boïens, qui laisseront leur empreinte dans le dialecte local.

189 av. J.-C.   Fondation de Bononia par les Romains, vainqueurs des Gaulois boïens. La ville romaine définie «culta Bononia» possède alors un tracé de rues qui caractérise encore aujourd'hui les rues du cœur de la cité actuelle. A l'époque on trouve déjà dans les maisons le pavage de brique typique de la cité. L'absence de murailles autour de la Bononia impériale favorisera l'enlacement de la zone géométrique du centre avec les routes périurbaines, en éventail.

431-450   Au début du Ve siècle, le patron de la ville, le légendaire évêque Petronio, fait exécuter des travaux d'urbanisme au milieu d'une cité en pleine décadence et dévastée par les inondations. C'est ainsi que le cercle de sélénite, pourvu de quatre portes, ferma une ville moins étendue qu'à l'époque romaine. Le complexe de S. Stefano lui est également dû.

756   Pépin le Bref confie Bologne, partie de l'exarchat de Ravenne, à l'Eglise. La ville devient bourgeoise et donne des signes de réveil économique et démographique. La première école de droit, l'affluence d'étudiants, déterminent son élargissement, grâce à la nouvelle enceinte des Torresotti ; on construit les Deux Tours et plusieurs autres ; du haut de la tour des Asinelli on peut voir la structure de la ville, avec les rues qui, greffées sur le réseau géométrique de la ville romaine, s'élargissent en éventail vers les faubourgs et la campagne.

XIᵉ siècle   La première université européenne naît de la nécessité de planifier le droit romain dans les codes justiniens et de mettre fin aux controverses entre la papauté et l'Empire dans la ville médiatrice. L'arrivée de deux mille étudiants va bouleverser la ville. Parmi tous les aspects qui en témoignent, sans doute l'institution du portique est-elle la plus révélatrice. Le portique commence à s'affirmer pour résoudre le problème du logement ; la solution en est imposée par les édits communaux. C'est un système d'avant-corps appuyés aux façades des maisons, tels de nouveaux logements suspendus d'une hauteur minimum de 7 pieds bolonais (2, 66 m), qui permettent la circulation dans la rue et protègent également les habitants à l'intérieur des remparts.

XIIIᵉ-XIVᵉ   Introduction du gothique en ville (ordres mendiants) contre le roman (ordres séculiers) ; témoin de ce passage, l'église S. G. Maggiore (1267-1315). 1390 voit la construction de S. Petronio. Au XIVᵉ siècle, le déclin de la commune et le retour à la propriété foncière préparent le retour des seigneuries, tandis que la ville achève son dernier mur d'enceinte. Elle sera embellie de palais aristocratiques hostiles à la communauté du portique.

1506   Pendant trois siècles, Bologne sera la deuxième ville pontificale après Rome. Les travaux d'architecture se poursuivent dans la tradition des Bentivoglio ; les embellissements de la Renaissance, contemporains de la Contre-Réforme, continuent avec l'ouverture de la place et du Neptune. Au XVIIᵉ siècle, l'hégémonie pontificale s'exerce à travers 96 monastères qui font de Bologne une ville-couvent. Pendant les siècles de la Renaissance et du Baroque, la ville se transforme et acquiert un aspect qu'elle a conservé en grande partie aujourd'hui encore : elle cherche le faste, en le cachant immédiatement, avec des escaliers monumentaux, des grotesques et des jardins.

1861   L'unité italienne introduit dans la ville le style Haussmann : grandes artères droites, comme la via dell'Indipendenza, qui coupent la ville ancienne au nom du progrès. On démolit les remparts en 1900.

1960   Le quartier des foires, ses tours modernes, transforme le paysage urbain de certains quartiers et symbolise l'importance des échanges commerciaux internationaux de la ville.

1980   Attentat terroriste à la gare de Bologne.

1988   Commémorations du neuvième centenaire de l'université de Bologne.

Cette liste non exhaustive complète le sommaire général.

Monuments du culte

Rues, places et parcs

REMERCIEMENTS

Un chaleureux merci pour leur compétence et leur disponibilité à :
Roberto Benatti, Fausto Borsari, Fanny Bouquerel, Anna Ciarleglio,
Danielle Londeì, Loriano Macchiavelli, Lino Marini, Walter Ravaglia,
Claudia Simons, Sandro Toni.

Le monde « Autrement » :

trois collections pour les voyageurs-découvreurs

Ni les gens et leurs rituels, ni les pierres et leur mémoire ne se dévoilent spontanément. Et le sens appartient, comme toujours, au caché et au non-dit. Y accéder exige temps, sincérité et empathie. Alors peuvent naître la jubilation de la découverte, les plaisirs renouvelés d'une initiation à «l'étranger», avec ses moments forts et ses incertitudes permanentes. Car, bien sûr, rien n'est jamais acquis. Connaissance et sensibilité ne peuvent saisir que des fragments du réel, de la vie des autres. Reste notre curiosité, inassouvie, aiguisée. C'est là l'essentiel.

C'est donc aux curieux, aux découvreurs, aux chercheurs de sens, qu'*Autrement* s'adresse depuis ses débuts. C'est pour les vrais voyageurs, mobiles ou immobiles, que ses trois collections* *Monde* (créée en 1983), *Mémoires* (créée en 1990) et *Atlas* (créée en 1992) ont été conçues, bien avant cette nouvelle collection de « *Guides* ».

Uniques par leur approche sans complaisance, leur confrontation de regards, leur ampleur (plus de 160 titres disponibles), ces trois collections forment un ensemble qui n'a pas d'équivalent : elles mettent en scène les modes de vie, systèmes de pensée, et cultures de peuples, pays ou villes dans le monde ; en particulier en Europe. Les auteurs, en majorité autochtones, proposent une lecture transversale de lieux-symboles, d'aujourd'hui ou d'hier, où le lecteur-voyageur peut retrouver des racines et un dépaysement, un héritage et un imaginaire communs.

La nouvelle collection des « *Guides Autrement* », complémentaire, pratique, s'inscrit dans cet ensemble, dans cette tradition *Autrement*, avec le même esprit.

* Les collections *Monde* (100 titres), *Mémoires* (48 titres), et *Atlas* (15 titres) sont en vente en librairie, et aussi par abonnement pour les deux premières. Catalogue gratuit sur demande : Editions Autrement, 17 rue du Louvre, 75001 Paris. Tél. : 01 40 26 06 06. Fax : 01 40 26 00 26.

Via Toffano n°5
051 39 83 29
3407 66 99 90

Via Belmeloro n°11
SAIS
Johns Hopkins

Achevé d'imprimer en décembre 1997 sur les presses de l'imprimerie
Jean-Lamour, Maxéville (Meurthe-et-Moselle), pour le compte des Editions
Autrement, 17 rue du Louvre, 75001 Paris. Tél. : 01 40 26 06 06.
Fax : 01 40 26 00 26. ISBN : 2-86260-644-8.
Dépôt légal : 1er trimestre 1997.

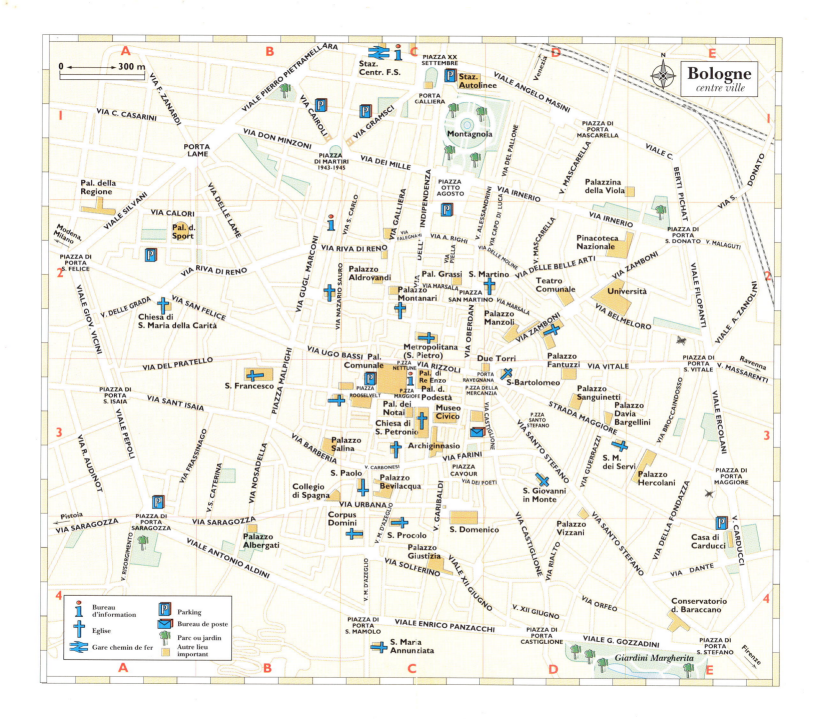

Bologne
centre ville

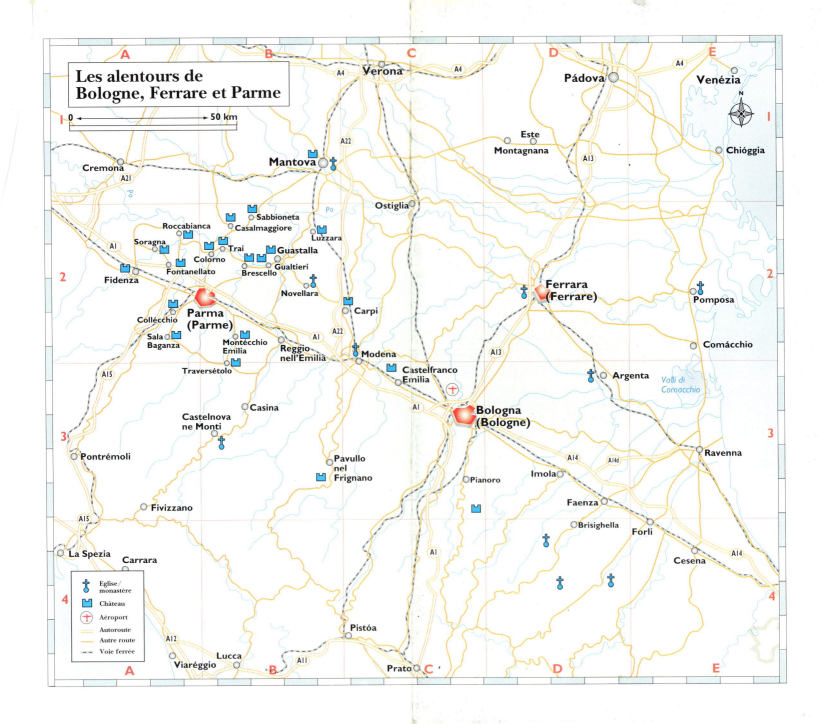

Les alentours de Bologne, Ferrare et Parme

I—0 ———► 50 km

A **B** **C** **D** **E**

Cremona

Verona

Pádova

Venézia

A4
A4
A4

Este
Montagnana

Chióggia

A22

A13

Mantova

Ostiglia

Po

2

Roccabianca
Sabbioneta
Casalmaggiore
Luzzara
Soragna
Trai
Colorno
Guastalla
Fontanellato
Gualtieri
Brescello
Fidenza
Novellara
Carpi

Ferrara
(Ferrare)

Pomposa

A1

A22

Parma
(Parme)

Collécchio

Sala
Baganza

Montécchio
Emilia

Reggio
nell'Emilia

Modena

Castelfranco
Emilia

Comácchio

Argenta

Valli di
Comacchio

A1

A13

Traversétolo

A15

Casina

Bologna
(Bologne)

3

Castelnova
ne Monti

Pontrémoli

Pavullo
nel
Frignano

Pianoro

Imola

A14

A14d

Ravenna

Fivizzano

Faenza

Brisighella

Forlì

A15

Cesena

A14

La Spezia

Carrara

A1

Pistóa

A12

Viaréggio

Lucca

A11

Prato

A **B** **C** **D** **E**

Légende

✝ Eglise/monastère

🟦 Château

⊕ Aéroport

Autoroute

Autre route

Voie ferrée